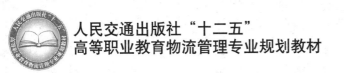

人民交通出版社"十二五"
高等职业教育物流管理专业规划教材

配送管理实务

PEISONG GUANLI SHIWU

主　编　王晓阔　陈　杰
副主编　王永桐　唐清龙
主　审　薛　威

人民交通出版社股份有限公司
China Communications Press Co.,Ltd.

内 容 提 要

本书结合配送企业实际运行经验，系统地介绍了配送与配送中心基础知识、配送中心布局方式与方法、配送中心收货作业管理、配送作业技术与精益化管理、配送作业绩效与成本管理、配送管理知识储备与能力拓展等内容。

本书编写重点在于突出"理论够用、方法实用、技能适用、重在应用"的职业教育理念，兼顾现有物流配送知识、技术的传播和最新配送知识、技术的推广。

本书可作为高职和应用型本科院校物流管理专业的教学用书，也可作为连锁经营管理专业、电子商务专业及相关专业的参考书。

图书在版编目(CIP)数据

配送管理实务 / 王晓阔，陈杰主编. — 北京：人民交通出版社股份有限公司，2015.8
ISBN 978-7-114-10255-4

Ⅰ. ①配… Ⅱ. ①王… ②陈… Ⅲ. ①物流配送中心—企业管理—高等职业教育—教材 Ⅳ. ①F253

中国版本图书馆 CIP 数据核字(2012)第 307800 号

书　　　名：	配送管理实务
著 作 者：	王晓阔　陈杰
责任编辑：	李　坤　吴燕伶　高　培
出版发行：	人民交通出版社股份有限公司
地　　　址：	(100011)北京市朝阳区安定门外外馆斜街3号
网　　　址：	http://www.ccpress.com.cn
销售电话：	(010)59757973
总 经 销：	人民交通出版社股份有限公司发行部
经　　　销：	各地新华书店
印　　　刷：	北京盈盛恒通印刷有限公司
开　　　本：	787×1092　1/16
印　　　张：	12.25
字　　　数：	235千
版　　　次：	2015年8月　第1版
印　　　次：	2018年4月　第2次印刷
书　　　号：	ISBN 978-7-114-10255-4
定　　　价：	32.00元

(有印刷、装订质量问题的图书由本公司负责调换)

前　言

配送是一种由商流、物流、信息流紧密结合的综合的、特殊的物流活动。它几乎包括了物流的所有功能要素，是物流的缩影。随着科学技术的不断进步，生产力的不断发展，生活方式、消费方式的不断改变，需求的个性化和多样化，使得配送的重要性日益突出。与此同时，社会对配送人才的需求也日渐迫切。

本书结合高职高专教育实际，以理论必需、够用为原则，以培养应用型技能人才为目标，以适应企业岗位群为定位进行编写，全面论述了配送作业及配送作业管理的基本知识和技能。

本书的特点是：引入国内外关于配送与配送中心经营管理的最新理论和成果；内容的选取和组织尽量适合高职高专教育的特点，培养学生的岗位知识和能力；注重专业性、应用性和实践性。每章设置学习目标、技能目标、案例、思考与练习等版块。此外，在每章节里对相关知识以阅读材料、案例、应用与实训的形式进行穿插，方便学生清晰理解和灵活应用所学内容。本书各章均配有与内容相关的图片、图表，以增强学生学习的积极性和趣味性。

本书由天津交通职业学院王晓阔担任主编（编写第三单元和第四单元），天运通（天津）物流有限公司陈杰担任第二主编（编写第二单元），其他参与编写的人员有：天津交通职业学院王永桐和盛丰物流（天津）有限公司唐清龙（共同编写第一单元）、天津交通职业学院娄熠和解凯（共同编写第五单元）、天津交通职业学院邱静和新疆教育学院曹云（共同编写第六单元）。全书由王晓阔统稿。

本书在编写过程中，参阅了大量的文献资料，在此对有关作者表示衷心的感谢！同时，天运通（天津）物流有限公司、盛丰物流（天津）有限公司、北京蓝色畅想物流有限公司、天津天宁苏宁电器有限公司等对本书的编写提供了许多帮助，一并表示感谢！

由于编者水平有限,时间仓促,书中难免存在不足,恳请有关专家和读者批评指正。

本教材配有教学课件,凡使用本书作为教材的教师或学校可向出版社索取。

编 者

2015 年 6 月

目　录

单元一　配送与配送中心认知 ……………………………………… 1
- 第一节　配送与配送中心 …………………………………………… 1
- 第二节　配送系统与配送作业流程 ………………………………… 12
- 第三节　配送在社会经济发展中的作用 …………………………… 19
- 复习题 ………………………………………………………………… 20

单元二　配送中心功能区布局 ………………………………………… 24
- 第一节　配送中心功能区划 ………………………………………… 24
- 第二节　配送中心功能区布局类型 ………………………………… 30
- 复习题 ………………………………………………………………… 32

单元三　配送中心收货作业 …………………………………………… 35
- 第一节　收货作业计划 ……………………………………………… 35
- 第二节　收货作业 …………………………………………………… 67
- 第三节　入库作业流程说明 ………………………………………… 78
- 复习题 ………………………………………………………………… 81

单元四　配送作业技术与精益化管理 ………………………………… 85
- 第一节　客户订单处理与拣选单编制 ……………………………… 86
- 第二节　拣选作业组织 ……………………………………………… 101
- 第三节　配送过程中的增值服务 …………………………………… 103
- 第四节　配送路线优化与车辆调度 ………………………………… 113
- 第五节　配装配载 …………………………………………………… 117
- 第六节　送达服务 …………………………………………………… 118
- 第七节　补货 ………………………………………………………… 118
- 第八节　拣选出库作业流程说明 …………………………………… 120
- 复习题 ………………………………………………………………… 124

单元五　配送作业绩效与成本管理 ·· 128
　第一节　配送作业绩效管理 ··· 128
　第二节　配送成本与成本控制 ·· 150
　第三节　作业成本法的应用 ··· 154
　复习题 ··· 158

单元六　配送知识储备与能力拓展 ·· 161
　第一节　配送中心选址 ··· 161
　第二节　配送新技术 ·· 177
　复习题 ··· 184

参考文献 ··· 187

单元一
配送与配送中心认知

【知识目标】

1. 理解配送与配送中心的基本概念;
2. 了解配送与运输的区别;
3. 掌握配送中心的功能和种类;
4. 理解配送模式及基本配送流程。

【能力目标】

1. 能够准确描述配送与配送中心的定义;
2. 能够清晰阐述配送与配送中心的功能;
3. 能够简单描述配送基本作业流程。

第一节 配送与配送中心

一、配送

1. 配送的定义

依据中华人民共和国国家标准《物流术语》(GB/T 18354—2006),配送的定义:在经济合理区域范围内,根据用户要求,对物品进行拣选、加工、包装、分割、组配等作业,并按时送达指定地点的物流活动。

该定义具有以下基本含义:

①详细描述出配送作为接近用户资源配置的全过程。

配送作为资源配置过程是指在配送中心完成集货的基础上,通过拣选、加工、包装、分割、组配及送达服务等功能要素实现实物资源(物品)在不同地区、不同领域、不同企业、不同消费者之间合理配置的全过程。

②配送的实质是送货。

配送的实质是送货,但是配送又区别于传统意义上的送货,其显著标志是"拣选"和"配货"。

③配送是一种"中转"形式。

配送"中转"通过规模集货、规模存储、专业配送所形成的规模经济和专业效率实现成本降低和服务水平的提高。

④配送是一种"配"和"送"有机结合的形式。

"配"是配送活动的核心价值,"送"是配送价值实现的途径,也是配送服务水平的重要衡量标志之一。

⑤配送以用户要求为出发点。

用户要求的表现形式是订单,而订单是配送活动的驱动源。

⑥应该追求合理性,进而指导用户,实现共同受益的商业原则。

从物流来讲,配送几乎包括了所有的物流功能要素,是物流的一个缩影或在某小范围内物流全部活动的体现。一般的配送集装卸、包装、保管、运输于一体,通过这一系列活动完成将货物送达的目的。特殊的配送则还要以加工活动为支撑,所以包括的范围更广。但是,配送的主体活动与一般物流却有不同,一般物流是运输及保管,而配送则是运输及分拣配货,分拣配货是配送的独特要求,也是配送中有特点的活动,以送货为目的的运输则是最后实现配送的主要手段,从这一主要手段出发,常常会将配送简化地看成运输中的一种。

从商流来讲,配送和物流不同之处在于,物流是商物分离的产物,而配送则是商物合一的产物,配送本身就是一种商业形式。虽然配送在具体实施时,也有以商物分离形式实现的,但从配送的发展趋势看,商流与物流越来越紧密地结合,是配送成功的重要保障。

2. 配送与运输的关系

运输是指用设备和工具将物品从一地点向另一地点运送的物流活动。运输与配送同属于物流过程的关键环节,两者之间既有关系又有区别,如图1-1所示。

(1)配送与运输的联系

①配送与运输的效用都在于使货物有目的的产生空间位移,并创造空间价值。

②运输与配送分属物流据点上下游,共同完成物流据点货物的集散。

(2)配送与运输的区别

①两物流据点之间的货物位移属于运输范畴,而产生于物流据点与客户之间的位移则属于配送范畴。

②运输过程产生于两物流据点之间的交通干线(如:国道、高速公路、铁路、航线等),故

称之为"干线运输";配送过程产生于物流据点(配送中心)与客户之间的城镇街道,故称之为"支线运输"。

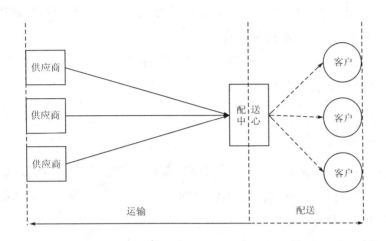

图1-1 运输与配送关系图

③运输活动的工具选择可包括汽车、火车、船舶、飞机以及管道;而配送工具选择仅限于汽车。

④运输过程无论选择何种工具,通常载运量越大,运输成本越低;而配送工具选择受到道路条件和交通条件限制,通常为中小型厢式货车。

⑤为降低运输成本,货物运输组织通常为少品种、大批量、低频次;对配送而言为提高服务水平,货物配送组织通常为多品种、小批量、高频次。

⑥运输组织过程在于满足一定服务水平情况下寻求成本最低,而配送组织过程在于保证一定成本条件下寻求服务水平最高。

二、配送中心

1. 配送中心的定义

配送中心是由具有较强流通功能的仓库发展而成的一种新型物流据点设施,衔接供给与需求且直接面向市场终端与客户,承担着货物集散与资源配置的功能。

配送中心的产生和发展不是偶然现象,而是生产和物流不断发展的必然结果,即配送中心的出现是物流活动系统化和规模化、物流功能优化的必然产物。

从事配送业务的物流场所或组织,应基本符合下列要求:①主要为特定的用户服务;②配送功能健全;③具有完善的信息网络;④辐射范围小;⑤多品种、小批量;⑥以配送为主,储存为辅。

配送中心与物流中心不是完全相同的设施,配送中心处于整个物流过程的末端,发挥着小范围的资源配置作用;物流中心处于整个物流过程的中端,发挥着货物集散和上下游衔接的作用。从功能上看,物流中心更综合、更概括、更宏观一些,而配送中心仅是物流中心的一种特殊形式,更专业、更具体、更微观一些。

物流中心与配送中心相比,具有如下特点:①面向社会提供物流服务;②物流功能健全;③具有较为完善的信息系统;④辐射范围大;⑤多品种、大批量、大进大出、快进快出;⑥流通功能与存储功能强。

2. 配送中心的特点

配送中心是重要的物流据点,对科学、合理、高效地配送组织过程起着决定性的作用。合理的配送是指以最少的环节、最短的运距、最低的费用、最高的效率完成物品的配送。配送中心在配送业务中具有以下特点:

①集货、分拣和配货是配送中心主要、独特的业务。

②对于送货而言,配送中心主要是组织者而不是承担者。配送中心可以完全承担送货,也可以利用社会运输企业或者第三方物流企业完成送货。

③配送是经营的一种手段,是一种流通方式,而不是单纯的物流活动。配送中心经营活动的目的是获取利润。

④配送中心活动属于社会再生产过程的流通阶段。

⑤配送中心以现代装备和工艺为基础,是兼具商流、物流功能的现代流通设施。

⑥配送中心具有衔接和辐射功能,通过网络,完成物品在供应链中的有效率和有效果的流动,形成网络经济。

3. 配送中心的功能和种类

1)配送中心的功能

配送中心集采购、储存、流通加工、理货、送货、信息处理为一体,是专业从事配送业务的场所或经济组织,是现代的流通设施或物流据点,综合了集货中心、分货中心、加工中心的功能。

(1)备货

备货是配送的基础性工作,包括筹集货源、订货、进货、集货及与之有关的货物交接、验收、装卸和结算等。配送中心通过统一采购、批量运输、集中库存实现规模备货,规模备货既可以实现供应保证程度(服务水平)的提高;又可以实现配送成本的降低。

(2)储存

配送中心的储存功能"源于采购,用于供应"。通常情况下采购批量大小、订货提前期的长短和供应保证程度(服务水平)的高低是决定配送中心储存规模的关键因素,如图1-2所示为配送中心储存规模的影响因素。

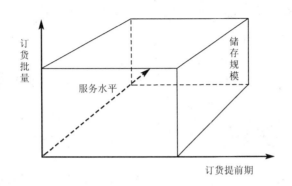

图1-2 配送中心储存规模的影响因素

配送中心的储存可分为储备和暂存。储备是在一定时期内按经营的需要形成的对配送资源的保障;暂存是短时储存,即越库配送的货物和拣选完毕处于出库月台(或理货区)的货物所形成的库存。

(3)分拣及配货

分拣及配货是配送中心最核心的功能要素,是完善送货、支持送货的准备性工作,能够大大提高送货服务水平和配送系统水平。配送中心以适当的方式、技术和设备对配送中心的备货按客户需求进行分拣作业,配货理货后可实现向不同客户的送货。

分拣和配货名为两项功能,实为一道工序的首尾,分拣是从众多存储货位中拣出客户所需数量的商品的过程,配货是在出库月台上(或出库理货区)完成客户所需不同品种的商品集中的过程。

(4)配装

配装就是当单一客户的配送量不能达到送货车辆的有效载运负荷时,需要集中不同客户的订货,进行搭配装载,以充分利用运能、运力。科学合理地配装可以大幅度提高配送车辆利用率,降低配送成本。这是配送与以往送货的重要区别之一。

(5)配送运输

配送运输是利用有效运输工具克服配送中心至客户之间的空间距离,以实现货物的空间位移,满足客户需求。

配送运输是运输中的末端运输、支线运输,区别于一般运输。由于配送客户多且分散、市内交通复杂,配送运输如何选择最优路线、使配装和配送路线选择有机结合,是配送运输组织工作的关键。即配送路线的确定决定送货的先后顺序,送货的先后顺序又决定装车的顺序(远货先装,近货后装)。

配送运输组织通常有三种方式:自营运输;外包运输;自营与外包兼有。

①自营运输:即配送运输车辆自有,配送中心组织完成送货任务。适合于季节波动小、配送业务稳定的配送中心。

②外包运输:即送货任务全部交由第三方运输企业完成,配送中心依据其完成的配送任务支付外包费用。适合于季节波动较大,配送业务具有明显的淡旺季的配送中心。

③自营与外包兼有:即配送业务部分自营、部分外包。配送中心既有自己的配送车辆,也有合同车辆,但配送运输组织由配送中心统一协调完成。

(6)配送加工

配送加工是一项增值物流服务,完善了配送中心的服务功能,提高了客户满意度。如:钢材木材配送的集中下料、统一套裁;蔬菜、水果配送前的冲洗、切割以及给商品贴条码、拴标签等。

(7)信息处理

配送中心集商流、物流、信息流为一体,具有对商流信息、物流信息进行收集、分类、加工、整理、传输、储存的功能。配送中心直接面对的是最终的需求市场,其对市场需求的变化必须具有较高的敏感性,并能将此变化准确无误地向上游传递,以降低"牛鞭效应"造成的需求误差。目前国内最通用的配送管理系统是SAP,SAP代表着最先进的管理思想,是最优秀的软件设计,世界500强中有80%的公司使用SAP,中国的大型国营、民营企业中有90%的企业使用SAP。

配送中心是集诸多功能于一体的现代化流通设施,强调功能的协调和一体化。配送中心的功能不仅仅是储存和运输,还包括采购、装卸、流通加工、配送、信息处理及信息反馈等服务功能。

2)配送中心的种类

(1)按经营主体分类

①厂商主导型配送中心。通过配送中心的建设,形成具有特色的产供销一体化的经营体制,以此来增强市场竞争力,保持市场占有率。它适合于实力雄厚、业务规模足够大的生产厂商。

厂商主导型配送中心的作用是,形成以配送中心为核心的完善的物流体系,利于缩短物流距离,减少中间环节,将产品在最短的时间内以较低的物流成本推向市场。

在产品功能、质量、价格差异弱化的今天,物流体系的完善程度将成为衡量制造企业核心竞争能力的重要指标之一。

例如：丰田物流服务于丰田制造的产品供应和产品流转。

②批发商主导型配送中心。向下游零售商提供品种齐全、价格低廉的商品和高效、快捷、低成本的物流服务。

批发商主导型配送中心又可分为两类：一类是服务于大型零售商的专业批发商配送中心，为零售商组织货源和提供供应物流服务；另一类是服务于中小型零售商的综合批发商配送中心，其代行零售商配送中心的职能。

批发商主导型配送中心的作用是，规模化采购，实现低成本集货，集中库存，统一对零售商配送中心或零售店铺进行配送。

③零售商主导型配送中心。该类型配送中心减少了流通环节，实现规模化运营，降低了物流成本，从而提高了客户服务水平。它适合于大型连锁零售企业。

零售商主导型配送中心的作用是，减少流通环节，统一采购，集中库存、分拣、加工、配送。

④物流企业主导型配送中心。该类型配送中心实现市场深度拓展，向社会提供精细化物流服务项目。它适合于服务对象比较固定，在与货主企业签订长期物流服务合同的基础上代理企业开展配送业务的物流企业。此类型配送中心属于第三方服务形态，要求物流企业具备较为先进的配送硬件设施、完善的物流信息系统和配送管理系统。

物流企业主导型配送中心的作用是，面向社会提供高水平的配送服务和配送解决方案，实现物流资源的规模化配置和社会物流总成本的降低。

⑤共同型配送中心。即多个企业为了实现物流规模经济而联合组织实施配送活动的物流场所。实现配送活动的规模经济效应。

共同型配送中心一般是由规模比较小的货主企业或专业配送企业共同设立而成。

共同型配送中心可以解决车辆装载效率低下，资金短缺无法独立建设配送中心以及配送中心设施利用率低等问题。

从事共同配送的主体可以是货主，也可以是第三方物流企业。对货主而言，共同配送可以在不增加物流费用的前提下，实现小批量、多批次配送；对第三方物流企业而言，可以提高配送效率，改善服务，提高竞争力。同时，共同配送对节约社会运力，减少交通流量，减少空气污染，降低噪声对居民生活的影响等方面具有较为明显的作用，具有较好的社会效益。

（2）按服务对象分类

①面向最终消费者的配送中心。在商物分离的交易模式下，消费者在店铺看样品挑选

购买后,商品由配送中心直接送达消费者手中。一般来说,家具、大型电器等商品适合于这种配送方式。

②面向制造商的配送中心。根据制造企业的生产需求,将生产所需的原材料或零部件,按照生产计划调度的安排,送达到企业的仓库或直接送到生产现场。这种类型的配送中心承担了生产企业大部分原材料或零部件的供应工作,减少了企业物流作业活动,也为企业实现零库存经营提供了物流条件。

③面向零售商的配送中心。配送中心按照零售店铺的订货要求,将各种商品备齐后送达零售店铺。它包括为连锁店服务的配送中心和为百货店服务的配送中心等。

(3) 按配送货物的性质分类

①商业货物配送中心。商业货物是指与商流活动直接联系的,伴随着商流活动发生的货物。非商业货物则是指个人、单位发生的货物,也包括与企业事务处理相关联的货物,如个人的包裹、书籍、单位文件等。商业货物配送中心以商业货物为对象,与商流活动直接发生关系,大多数配送中心处理的货物属于商业货物。

②非商业货物配送中心。非商业货物主要指以非商业货物为内容物品,也包含一些小批量的商业货物。非商业货物配送中心以非商业货物为对象,如快件运输的货物处理中心。

(4) 按社会化程度分类

①个别企业的配送中心。个别企业的配送中心指为满足企业自身经营的需要建设的配送中心,如大型零售企业配送中心。

②公共配送中心。公共配送中心指为货主企业或物流企业从事商品配送业务提供物流设施及有关服务的配送中心。使用者通过租赁的方式取得配送中心的使用权,并享受配送中心方面提供的公共服务。

(5) 按配送中心的功能分类

①通过型(分拣型)配送中心。通过型配送中心的特点是商品滞留的时间非常短,一般只有几个小时或半天,商品途经配送中心的目的是为了将大批量的商品分解为小批量的商品,将不同种类的商品组合在一起,满足店铺多品种、小批量订货的要求;通过集中与分散的结合,减少运输次数,提高运输效率以及理货作业效率等。通过型配送中心具备高效率的商品检验、拣选以及订单处理等理货和信息处理能力,作业的自动化程度比较高,信息系统也比较发达。

②集中库存型配送中心(商品中心)。集中库存型配送中心具有商品储存功能,大量采购的商品储存在这里,各个工厂或店铺不再保有库存,根据生产和销售需要由配送中心及时组织配送。这种将分散库存变为集中库存的做法,有利于降低库存水平,提高库存周转率。

③流通加工型配送中心。流通加工型配送中心除了开展配送服务外,还根据用户的需要在配送前对商品进行流通加工。例如,面向连锁超市配送商品的配送中心从事诸如分装、贴标签、食品清洗、服装熨烫等流通加工作业,之后再配送到各个店铺。这样,可以减轻店铺作业的压力,集中加工也有助于开展机械化作业,提高流通加工效率。还有一种情况是出于提高运输保管效率的考虑,在运输保管过程中保持散件状态,向用户配送前进行组装加工。

3)配送中心的基本运作模式

配送中心运作模式是指配送中心这一经济实体的各种基本要素的标准运作形式。配送中心由于产权不同、货物所有权不同、经营方式不同,其运作模式也不尽相同。尽管如此,作为一种特殊的经济实体,其基本要素及其运作规律却有着共同特征。根据社会经济发展的情况和国内外配送中心运作的具体实际,经过总结提炼而成如下三种典型运作模式。

(1)基于销售的配送中心运作模式

此模式的配送中心集商流和物流于一体,所以此类型运作模式的配送中心又称为"商物合一"型配送中心。这种配送中心模式的行为主体是生产企业或销售企业,配送仅作为一种促销手段而与商流融合为一体。如图1-3所示为"商物合一"型配送中心的基本运作图。

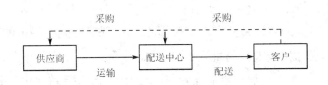

图1-3 "商物合一"型配送中心基本运作

"商物合一"型配送中心运作流程:客户产生需求,向配送中心采购订货,配送中心集中多家客户的采购需求计划形成自己的采购需求并向供应商订货。供应商选择合理的运输方式完成配送中心采购货物的空间位移,同时通过商流活动完成货物所有权的交接。配送中心再根据客户的需求计划制订面向客户的配送计划,满足客户对货物品种、规格、数量、时间、地点的需求。

"商物合一"型配送中心运作特点如下。

①配送中心拥有货物的所有权和支配权。

②配送中心将客户小批量的采购需求集中为大批量采购,产生规模经济,即能够获得更多的价格折扣,降低采购成本。

③配送中心统一采购替代客户分散采购,采购批量的增大直接增加运输批量,即形成批量运输,运输批量越大,运输成本越低。

④配送中心集中库存替代客户分散库存,一方面在提高供应的保证程度上实现总库存量的降低,另一方面为客户实现零库存运营奠定了基础。

表面上看"商物合一"型配送中心是在独立地从事货物的大批量进货、储存、保管、分拣和小批量、多批次的运送活动,但这些活动只是产品销售活动的延伸,其实质是企业的一种营销手段或营销策略。就这类配送中心的运作而言,在流通实践中,它们既参与商品交易活动,向用户让渡其产品的所有权,同时又向用户提供诸如货物分拣、加工、配货和送达等一系列的后勤服务。在这里,商品的销售和配送是合二为一的,其是围绕着企业的产品销售,增加市场份额的根本目的而展开的。

基于销售的配送中心模式在批发、连锁经营企业、大型加工制造业、零部件制造业等领域应用比较广泛。以这种模式构建的配送中心,由于可以直接组织到货源并拥有产品的所有权和支配权,所以有其资源优势,也便于配送中心扩大业务范围和服务对象,便于向生产企业提供多元化的后勤服务。然而按照这种模式构建的配送中心,不但要投入较多的资金和人力、设备,而且资金、人力分散。只有具有一定的经济实力,方可形成一定的规模。尤其是对于生产企业来说,如果都建这种模式的配送中心,势必造成新的资源浪费,也不利于企业把主要注意力集中在核心竞争力的提高上。

(2)基于供应的配送中心运作模式

这种配送中心模式的主体是拥有一定规模的库房、站场、车辆等物流设施和设备以及具备专业管理经验和操作技能人员的批发、仓储或运输企业。其本身并不直接参与商品交易活动,而是专门为用户提供诸如货物的保管、分拣、加工、运送等系列化服务。故此模式的配送中心又称为"商物分离"型配送中心。其基本运作模式如图1-4所示。

图1-4 商物分离型配送中心基本运作

"商物分离"型配送中心运作内容:客户直接向供应商采购,并完成商品所有权的转移,配送中心按客户要求接收供应商送货,并由配送中心代为储存、保管,配送中心按照客户要求即时或定时分批次配送至客户处。

"商物分离"型配送中心运作特点如下。

①配送中心不拥有货物的所有权和支配权,而是归客户所有。

②客户向供应商进行直接采购,若采购批量不足难以获得价格折扣。

③配送中心业务属于交货代理服务,为客户提供储存、拣选、加工、配送等服务,收益仅来源于物流服务费,没有商业利润。

④配送中心可同时为多个客户提供物流服务。

基于供应的配送中心运作模式,其好处在于可以充分利用原有的设施设备并予以更新、改造、扩充,投资相对要少;尽管可以同时为多家用户提供服务,但是其业务活动单纯、专一,因而配送中心占压资金比较少,经营风险也比较小。

基于供应的配送中心运作模式的最大缺陷是配送中心本身不直接掌握货物资源,因而其调度、调节能力较差,往往受到用户的制约;同时由于其活动只是一种代理性质的活动,所以,其收益只是收取占全部物流利润极小比率的服务费,是一种高消耗、低收益的配送中心模式。

(3)基于资源集成的配送中心模式

这是一种以资源集成为基础,集商流、物流、信息流和资金流四流合一的配送中心模式。这类配送中心的行为主体是虚拟物流企业,其服务对象是大中型生产企业或企业集团,其运作形式是由虚拟物流企业和供应链上游的生产、加工企业(供方)建立广泛的代理或买断关系,并和下游的大中型生产企业(需方或用户)形成较稳定的契约关系。虚拟物流企业的配送中心依据供方的交货通知完成运输、报关和检验、检疫并入库,而后按照需方的要求,经过拣选、加工、配料、装车、运输并送达需方,完成配送作业。

上述从供应商到用户的所有信息都是由配送企业的物流信息系统来管理的,而作业活动都是由其组织、调度和控制的。高效及时的信息交换和处理,为配送中心作业的顺利完成提供了保证。信息技术的支撑是这类配送中心的突出特点。作业完毕之后,依照物流状况和配送中心与供需双方的合同,各种费用就会在电脑中自动生成,并各流其向。

基于资源集成的配送中心所开展的是一种典型的规模经营活动,这种模式也是一种完整意义上的配送中心模式。它有如下几种特点。

①规模大,服务范围广。

基于资源集成的配送中心可以有效地组织国内外若干个供应商资源、配送资源并对若干个用户进行共同配送,以其规模优势来降低成本。

②具有完善的信息系统和网络体系服务于用户的需求。

以Internet和Intranet为平台,既可以让用户了解市场、价格、制度、政策以及物料资源情况,又可以了解配送中心的物流系统的组织运作情况,实时地进行跟踪、查询、反馈,自动进行数据动态分析,进而优化调配方案。

③具有物流领域的专业化优势。

配送中心以专业化的人员、专业化的设施设备和运作方式来提高配送效率。

④其物流配送设施设备不全是属于自己所有,既有自有的,又有共用型的;分布地域广,因而所提供的是一种社会化的配送服务,所追求的是物流合理化。

第二节 配送系统与配送作业流程

一、配送系统

1.配送系统的概念、特征、要素与管理

1)系统的含义

系统(System)一词来源于古代希腊文(systēma),意为部分组成的整体。系统是由两个或两个以上相互区别和相互作用的单元之间有机结合完成某一功能的综合体。系统具备三个特性:一是多元性。系统是多样性的统一,差异性的统一。二是相关性。系统不存在孤立元素,所有元素之间相互依存、相互作用、相互制约。三是整体性。系统是所有元素构成的复合统一整体。

2)配送系统

配送系统是由两个以上相互区别又相互联系的单元结合起来,以完成物品由配送中心到客户的配送业务活动,并使客户满意的有机结合体。

配送系统一般由物流系统、信息系统和运营系统组成,具体包括配送设施(配送中心)、仓储管理、配送管理、越库管理、退货管理以及配送调度安排、路线优化和跟踪查询等内容。

3)配送系统的结构特征

①配送系统是由两个或两个以上的单元构成。这些基本单元包括进货、储存、分拣、包装、流通加工、配货、配装、送货、信息、结算、客户订单和物流据点(配送中心)。

②这些不同层次的单元相互区别又相互联系,发挥配送系统协调整合的优势。

③配送系统具有特定功能。由于系统结构不同,功能也不同,比如储存功能、流通功能。

④配送系统是一个有机结合体。

⑤配送系统的结构是一个等级层次结构。如图1-5所示。

⑥配送系统处在一个外部环境之中。

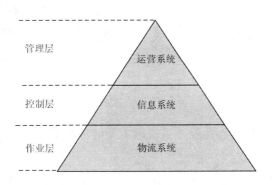

图1-5 配送系统结构图

4)配送系统的内在特征

①配送系统具有快捷、安全、可靠、低成本的优势,以最低的物流成本为客户提供最好的配送服务。

②遵循"7R"原则,即合理的数量(Right Quantity)、合适的质量(Right Quality)、合适的商品(Right Commodity)、合适的价格(Right Price)、合适的时间(Right Time)、合适的地点(Right Place)、良好的印象(Right Impression)。

③二律背反,配送各单元(子系统)之间存在着此消彼长的矛盾关系。

5)配送系统的组成要素

配送系统是由人、财、物、设备、信息和任务目标等要素构成的有机整体。配送系统的组成要素一般包括资源要素、功能要素、支撑要素和物质基础要素四个方面。

(1)配送系统的资源要素

①人力资源:人力资源是配送系统的主体,是保证配送得以顺利进行和提高配送管理水平的最关键因素。提高人的素质,是建立一个合理化的配送系统并使之有效运转的根本,为此需要合理确定配送从业人员的选拔和录用,加强配送专业人才的培养。

②资金:资金是配送活动中不可或缺的资源。配送运作的过程,实际也是资金运动过程,同时配送服务本身也需要以货币为媒介。配送系统建设是资本投入的大领域,离开了资金这一要素,物流活动不可能实现。

③物力资源:物力资源是配送活动中的原材料、组件、半成品、成品、能源、动力等物质条件,包括配送系统的劳动对象。没有物力资源,配送系统便成为无本之木。

资源要素对配送产生的影响和作用,构成配送系统的"输入"。

(2)配送系统的功能要素

配送系统功能要素指的是配送系统所具有的基本能力,这些基本能力有效地组合连接在一起,便形成了配送的总功能,以合理、高效地实现配送系统的目标。

配送系统功能要素包括集货、储存、分类、分拣、配货、包装、装卸搬运、配送加工、配装、送货和信息处理等方面。在这些功能要素中,分拣和配货功能在配送系统中处于主要功能要素地位。

(3) 配送系统的支撑要素

配送系统的支撑要素是指建立配送系统所需要的各种支撑手段,主要包括以下三种支撑要素:

①体制、制度。这是配送系统的重要保障,它决定配送系统的结构、组织、领导和管理方式。

②法律、规章。配送系统的运行,不可避免会涉及企业或个人的权益问题。法律、规章一方面限制和规范配送系统的活动,使之与更大系统协调;另一方面是给予保障,合同的执行、权益的划分、责任的确定等都需要靠法律、规章维系。

③标准化系统。标准化保证配送环节协调运行,是配送系统与其他系统在技术上实现连接的重要支撑条件。

(4) 配送系统的物质基础要素

配送系统的物质基础要素主要是指配送系统建立和运行所需要的技术装备手段,这些手段的有机联系对配送系统的运行具有决定性意义。物质基础要素具体包括以下五个方面。

①配送基础设施。配送基础设施是组织配送系统运行的基础物流条件,包括配送中心、仓库、公路、铁路、机场、港口等。

②配送设备。配送设备主要包括分拣装置、输送装置、货架、搬运及输送设备、加工设备、运输设备、装卸机械等。

③配送工具。配送工具包括包装工具、维护保养工具、办公设备等。

④信息技术及网络。信息技术及网络是掌握和传递物流信息的手段,根据所需用信息水平的不同,包括通信设备及线路、传真设备、计算机及网络设备等。

⑤组织及管理。组织及管理是配送网络的"软件",起着连接、调运、运筹、协调、指挥各要素的作用,保障配送系统目标的实现。

(5) 配送系统管理的目标

①服务。配送系统直接服务于生产、再生产和消费,本身有一定的从属性,必须以客户为中心。

②快速、及时。及时性是服务性的延伸,是客户的要求,也是社会发展进步的要求。快速、及时既是一个传统目标,又是一个现代目标,其原因是随着社会大生产的发展,这一要求更为强烈了。

③节约。物流过程作为"第三利润源泉",利润的挖掘主要依靠节约,通过集约化方式降低物流成本。

④规模优化。应以规模作为物流配送系统的目标,以此来追求规模效益。规模效益问题在流通领域也异常突出,由于物流系统比生产系统的稳定性差,因而难于形成标准的规模化模式。

⑤库存调节。这是及时性的延伸,也是物流配送系统本身的要求。这一目标体现在满足物流低成本、高效率要求的最优的库存方式、库存数量、库存结构和库存分布等方面。

2. 配送系统模式

配送系统的输入、输出、处理(转化)、限制(制约)、反馈等功能,根据配送系统的性质,具体内容不同,配送系统模式如图1-6所示:

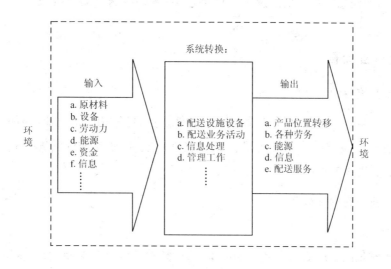

图1-6 配送系统模式

(1)输入

输入也就是通过提供资源、能源、设备、劳动力等手段对某一系统发生作用,统称为外部环境对配送系统的输入,包括原材料、设备、劳动力、能源等。

(2)处理(转化)

它是指配送本身的转化过程,从输入到输出之间所进行的生产、供应、销售、服务等

活动中的配送业务活动成为配送系统的处理或转化。其具体内容有：配送设施设备的建设、配送业务活动（如运输、仓储、装卸搬运、包装、流通加工）、信息处理及管理工作等。

(3)输出

配送系统与其本身所具有的各种手段和功能，对外部环境的输入进行各种处理后所提供的配送服务称为系统的输出。其具体内容有：产品位置与场所的转移、各种劳务（如合同的履行及其他服务）、能源等。

(4)限制或制约

外部环境对配送系统施加一定的约束，称之为外部环境对配送系统的限制和干扰。具体有：资源条件、能源限制、资金与生产能力的限制、价格影响、需求变化、仓库容量、装卸与运输的能力、法律政策的变化等。

(5)反馈

配送系统在把输入转化为输出的过程中，由于受系统各种因素的限制，不能按原计划实现，需要把输出结果返回给输入，进行调整，即使按原计划实现，也要把信息返回，以对工作做出评价，这称为信息反馈。信息反馈的活动包括：各种配送活动分析报告、各种统计报告数据等。

二、配送作业流程

1. 配送作业流程图

配送中心的主要活动是订货、进货、发货、仓储、订单拣货和配送作业。有的配送中心还要进行流通加工、贴标签和包装等作业。当有退货作业时，还要进行退货品的分类、保管和退回等作业。如图1-7所示。

2. 配送作业流程构成环节

(1)进货作业

进货作业就是配送中心根据客户的需要，为配送业务的顺利实施，而从事的组织商品货源和进行商品存储的一系列活动。进货是配送的准备工作或基础工作，通常包括：制定进货计划、采购、运输、收货、储存、保管等基本业务。

(2)订单处理作业

客户订单是配送中心开展配送业务的依据，配送中心接到客户订单以后需要对订单加以处理，据以安排分拣、补货、配货、送货等作业环节。配送活动以客户发出的订单信息作为其驱动源，在配送活动开始前，配送中心根据订单信息，对客户分布、所订商品的品名、商品特性、订货数量、送货频率及要求等资料进行汇总和分析,以此确定所要配送的货物种类、规格、数量和配送时间,最后由调度部门发出配送信息(如拣货单、出货单)。订单处理是调度、组织配送活动的前提和依据,是其他各项作业的基础。

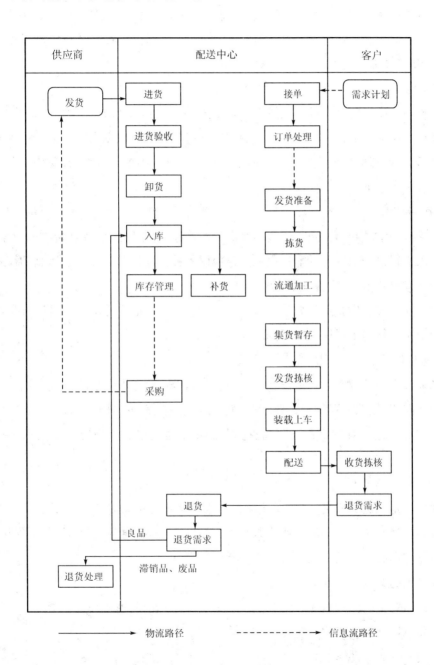

图1-7 配送中心作业流程图

(3)拣货作业

拣货作业就是将货物按品名、规格、出入库先后顺序进行分门别类的作业过程。拣货过程是配送不同于一般形式的送货以及其他物流形式的重要功能要素,也是决定配送成败的一项重要的支持性工作。它是完善送货、支持送货的准备性工作,是不同配送中心在送货时进行竞争和提高自身经济效益的必然延伸。也可以说,拣货过程是送货向高级形式发展的必然,有了拣货作业才能大大地提高送货服务水平。

(4)补货作业

补货作业是库存管理中的一项重要内容,根据以往的经验,或者相关的统计技术方法,或者计算机系统的帮助,确定最优库存水平和最优订购量,并根据所确定的最优库存水平和最优订购量,在库存低于最优库存水平时发出存货再订购指令,以确保存货中的每一种产品都在目标服务水平下达到最优库存水平。

(5)配货作业

配送中心为了顺利、有序、方便地向客户发送商品,对组织来的各种货物进行整理,并依据订单要求进行组合的过程。配货也就是指使用各种拣选设备和传输装置,将存放的货物,按客户的要求分拣出来,配备齐全,送入指定发货区。

配货作业与拣货作业不可分割,两者一起构成了一项完整的作业。通过分拣配货可达到按客户要求进行高水平送货的目的。

(6)送货作业

配送业务中的送货作业包括货物装车并实际配送,而这些作业需要事先规划配送区域或安排配送路线,按照规划的配送路线的节点次序安排货物装车的顺序(遵循"远先近后"原则),并在配送途中对货物进行跟踪、控制,制定配送途中意外情况及送货后单据的处理办法。

(7)流通加工作业

流通加工是配送的前沿,它是衔接储存与末端运输的关键环节。流通加工是指物品在从生产领域向消费领域流动的过程中,流通主体为了完善流通服务功能,为了促进销售、维护产品质量和提高物流效率而开展的一项活动。

流通加工的典型形式如下:

①对流通对象(如钢材、木材等)进行剪切、套裁、打孔、打弯等作业。

②分装或掺合散装货物作业。

③组装元件或器件作业。

④给待流转的货物贴标签、涂标识等作业。

（8）退货作业

退货作业在经营物流业务中不可避免，但应尽量减少，因为退货或换货的处理，只会大幅度增加物流成本，减少利润。发生退货或换货的主要原因包括瑕疵品回收、搬运中的损坏、商品送错退回、商品过期退回等。

第三节　配送在社会经济发展中的作用

一、创造经济效益——第三利润

1. 配送的时间效用——创造时间价值

物品从供给者到需求者之间有一段时间差异，由于改变这一时间差而创造的价值，称作时间价值。配送通过缩短流通时间、弥补生产与消费时间差和延长生产与消费时间差三种方式创造时间价值。

①企业通过配送活动，能够加快物流速度，缩短物流时间，在客户规定的时间内将需要的物品及时送达，以缩短时间的方式创造价值；

②配送中心具有集货的功能，通过货物的合理集聚与储存，弥补了需要和供给之间存在的时间性差异，以弥补时间差的方式创造时间价值；

③在某些特定的配送活动中也存在人为地、能动地延长物流时间来创造价值的情况，如为保证销售旺季的供应而有意储存物品便是一种有意识地延长物流时间，以延长时间差的方式来创造价值的活动。

2. 配送的空间效用——创造空间价值（场所价值）

物品从供给者到需求者之间有一段空间差异。供给者和需求者往往处于不同的场所，由于改变这一场所的差别而创造的价值被称为场所价值或空间价值。由于供给和需求之间的空间差，商品在不同的地理位置有不同的价值，通过配送活动将商品由低价值区转到高价值区，便可获得价值差，即场所价值或空间价值。

3. 配送的形质效用——创造加工附加价值

流通加工是配送过程中重要的增值环节，通过改变流通中物品的外观、形状、质量等方面提高配送效率、物品利用率和劳动生产率，形成配送过程中的形质效用，即创造出加工附加价值（形质价值）。

4. 库存控制的作用——降低库存成本

通过高水平的配送，尤其是采取准时配送方式后，生产企业可以完全依靠配送中心的准时配送而不需要保持自己的库存,或者只需要保持少量保险储备而不必保留大量的安全库存来防备需求的不确定性,这样可以实现生产企业多年追求的"零库存",将企业从库存的包袱中解脱出来,同时解放出大量库存占压的资金,从而改善企业的经营状况。

二、产生社会效益——绿色物流

1. 降低车辆空驶率,提高运力利用率

配送可以满足多个客户的配送服务需求,通过协同配送提高配送车辆的吨位利用率和里程利用率,降低配送车辆空驶率,进而提高全社会运力利用率。

2. 缓解交通压力,减缓交通堵塞

高效、合理的配送组织能够极大地提高车辆的实载率,较高的车辆实载率可以抑制社会货运车辆保有量的增长,起到缓解交通压力、减缓交通堵塞的作用。

3. 降低能源消耗,减轻环境污染

高效率的配送运输组织能够提高社会运力的利用率,降低社会货运车辆的保有量,其直接的效益就是能够降低燃油消耗,减轻环境污染。

4. 服务制造,促进流通

随着社会需求向多样性、个性化发展,现代制造业必须改变传统的批量化、标准化的生产模式,向多品种、小批量、柔性化生产模式转变,而这种转变对物流配送服务提出了更高的要求,只有高水平的配送服务才能满足现代制造业生产过程的延续,如丰田物流就是服务于丰田制造。

现代连锁零售、便利店、电子商务等业态形式均以物流配送为重要核心竞争力和促销手段,如沃尔玛配送体系、京东商城配送体系等。高服务水平的物流配送一方面能够降低流通成本,另一方面更能扩大流通领域和范畴。

复 习 题

一、单项选择题

1. 配送的实质是( )。
   A. 运输　　　　　B. 交货　　　　　C. 送货　　　　　D. 运送
2. 配送以( )为出发点。

A. 生产订单 B. 客户订单
C. 采购订单 D. 销售订单

3. 配送中心是从事配送业务的物流场所或组织主要为(　　)提供服务。
   A. 社会 B. 企业
   C. 个人 D. 特定的用户

4. 配送中心活动属于社会再生产过程的(　　)阶段。
   A. 生产 B. 消费
   C. 流通 D. 分配

5. 多个配送中心联合起来,共同制定计划,共同对某一地区用户进行配送,具体执行时共同使用配送车辆,称为(　　)。
   A. 集中配送 B. 共同配送
   C. 分散配送 D. 加工配送

6. 配送的(　　)功能不具有普遍性,但往往具有重要作用。
   A. 分拣 B. 配货
   C. 配送加工 D. 存储

7. (　　)就是配送中心根据客户的需要,为配送业务的顺利实施,而从事的组织商品货源和进行商品存储的一系列活动。
   A. 订单处理作业 B. 补货作业
   C. 进货作业 D. 拣货作业

8. 配送是物流和(　　)有机结合的商业流通模式。
   A. 仓储 B. 资金流
   C. 商流 D. 运输

9. 配送以送货为目的,但(　　)。
   A. 送是配的前提 B. 拣货是订单的前提
   C. 配和送不分先后 D. 配是送的前提

10. (　　)是配送中心最核心的功能要素,是完善送货、支持送货的准备性工作,能够大大提高送货服务水平和配送系统水平。
    A. 配装和配载 B. 配装和配送
    C. 备货和储存 D. 分拣和配货

11. (　　)是配送中心开展配送业务的依据。
    A. 采购单 B. 出货资料

C. 拣选单　　　　　　　　　　　　D. 客户订单

12. 配送组织过程在于保证一定成本条件下寻求(　　)最高。
    A. 服务水平　　　　　　　　　　B. 分拣效率
    C. 送货水平　　　　　　　　　　D. 出库效率

13. (　　)就是配送中心根据客户的需要,为配送业务的顺利实施,而从事的组织商品货源和进行商品存储的一系列活动。
    A. 进货作业　　　　　　　　　　B. 拣货作业
    C. 送货作业　　　　　　　　　　D. 理货作业

14. 配货作业与(　　)不可分割,两者一起构成了一项完整的作业,可达到按客户要求进行高水平送货的目的。
    A. 集货作业　　　　　　　　　　B. 拣货作业
    C. 送货作业　　　　　　　　　　D. 理货作业

15. (　　)是配送过程中重要的增值环节,通过改变物品的外观、形状、质量等方面提高配送效率、物品利用率和劳动生产率。
    A. 包装　　　　　　　　　　　　B. 流通加工
    C. 生产加工　　　　　　　　　　D. 分装

二、多项选择题

1. 一般来讲,配送是面向城市内的(　　)的运输。
   A. 小范围　　B. 小批量　　C. 短距离　　D. 大批量
   E. 长距离

2. 配送的优势体现在(　　)。
   A. 理货　　　B. 送货　　　C. 分拣　　　D. 集货
   E. 配货

3. 配送为提高服务水平,货物配送组织通常为(　　)。
   A. 少品种　　B. 多品种　　C. 少批量　　D. 多批量
   E. 高频次

4. (　　)是配送中心的主要、独特的业务。
   A. 采购　　　B. 集货　　　C. 存储　　　D. 分拣
   E. 配货

5. 配送中心通过(　　)实现规模备货。
   A. 零担运输　　B. 统一采购　　C. 批量运输　　D. 集中库存

E. 分散库存

6. 配送运输是运输中的( )。
   A. 干线运输   B. 二次运输   C. 末端运输   D. 支线运输
   E. 短途运输

7. 配送作业的基本环节包括( )。
   A. 备货   B. 理货   C. 加工   D. 送货
   E. 配装

8. 决定配送中心存储规模的关键因素有( )。
   A. 订货提前期   B. 服务水平   C. 订货批量   D. 库存量
   E. 订货周期

9. 配送中心按经营主体分类可分为( )。
   A. 厂商主导型   B. 批发商主导型
   C. 零售商主导型   D. 物流企业主导型
   E. 共同型

10. 配送中心按服务对象分类可分为( )。
    A. 面向最终消费者的配送中心   B. 面向制造商的配送中心
    C. 面向批发商的配送中心   D. 面向零售商的配送中心
    E. 面向分销商的配送中心

三、判断题

1. 配送是一种"中转"形式。 ( )
2. 配送是一种商流和资金流有机结合的商业模式。 ( )
3. 分拣和配货是紧密联系的两项活动,在配送中心流程中一般是分开进行和完成的。 ( )
4. 配送中心经营活动的目的是获取利润。 ( )
5. 配送被称作"袖珍物流"。 ( )
6. 配送组织过程在于保证一定成本条件下寻求服务水平最高。 ( )
7. 配送中心经营活动的目的是获取利润。 ( )
8. 通常情况下采购批量的大小、订货提前期的长短和供应保证程度的高低是决定配送中心存储规模的关键因素。 ( )
9. 运输与配送都属于物流据点上游,共同完成物流据点货物的集散。 ( )
10. 对于送货而言,配送中心主要是组织者而不是承担者。 ( )

单元二 配送中心功能区布局

【知识目标】

1. 理解配送中心功能区划;
2. 了解影响配送中心布局的影响因素;
3. 熟知配送中心各功能区及功能;
4. 深刻理解 U 形、I 形、L 形和 S 形布局。

【能力目标】

1. 能够准确分析 E、R、Q、R、S、T、C 七个因素对配送中心布局的影响;
2. 能够根据已知条件对配送中心内部布局进行合理规划。

第一节 配送中心功能区划

配送中心功能区划就是如何确定配送中心的平面分为哪些功能区域,这些区域的相对位置以及各个区域的面积的大小等,也就是配送中心功能区如何布局。例如,一个新建的配送中心,首先要考虑配送中心是平房建筑还是多层建筑,出入口布置在同侧还是两侧,还有主副通道的宽度、立柱间隔、库顶高度、地面载荷等因素;然后再将配送中心平面按照一定的规律和标准划分为各种作业区域;再根据具体情况来确定每一具体区域的位置和面积的大小。

一般来说,进行配送中心布局需要考虑的因素通常包括 E、I、Q、R、S、T、C(表 2-1),这些因素对配送中心功能区布局有着至关重要的影响,在对配送中心平面布局设计时要综合考虑。

客户(E):客户类型不同、数量不同,对出货的影响很大。例如,客户是经销商/大卖场,则出货可能以整托盘或者整箱出货为主;客户是便利店/店铺,则出货以单件为主,需要拆零后出货。

单元二　配送中心功能区布局

配送中心功能区布局因素表　　　　　　　　　　　　　　　　　表2-1

序号	缩写	全称	含义
1	E	Entry	客户:配送的对象或客户
2	I	Item	品项:配送商品的种类
3	Q	Quantity	数量:配送商品的数量、库存量
4	R	Route	通路:配送通路
5	S	Service	服务:服务水平
6	T	Time	时间:交货时间
7	C	Cost	成本:配送商品的成本或建造的预算

品项(I):在不同的行业中,品项数量、品项的大小体积差别很大。品项的数量影响储位的规划,而品项外形尺寸影响货架的设计和搬运工具的选择等。

数量(Q):存货的量是最重要的考虑因素之一,量的大小决定库容的大小。由于库存量常有波动,如果按照平均量来规划,则需要考虑高峰期间外租仓库;如果按照高峰量规划,则在淡季会有仓库闲置问题。另外规划还要考虑业务增长带来的库容需求增长问题。

通路(R):配送通路的类型与配送出货的特性关系很大,需要了解配送出货通路的类型才能进行规划,常见的配送通路如图2-1所示。

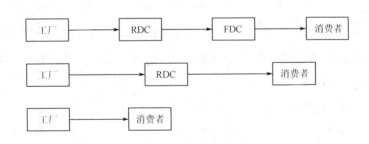

图2-1　配送通路示意图

RDC-区域配送中心;FDC-城市配送中心

服务(S):配送中心希望以最低的成本达到客户的服务品质要求,但是服务品质需要配送中心投入的设备、人力等资源与制度相配套,随着客户对服务品质要求的提升,如紧急配送、夜间配送或者流通加工等,商品的缺货率影响到库存保有量,这些对规划都有影响。

时间(T):时间是服务品质的一部分,客户尤其关注到货时间,即从客户发订单后至收到配送的货品之间的时间间隔,根据客户的不同要求,到货时间从24小时到1个星期不等。到货时间影响配货的频次,如有些客户是每天配一次货,有些可能是2~3天配一次货,这些都对配送中心的设备配备和区域需求有影响。

成本(C):配送中心的规划和建设需要资金的支持,运营过程也需要投入资源,这些都和成本密切相关,成本与服务品质存在正向的关联性,故成本也要纳入考量。

配送中心的功能区布局可以在建设之前就预先规划完毕,但是由于配送业务的变动性,也常常需要阶段性地对平面布置进行调整。

1. 收货理货区

收货理货区在配送中心的入口处,范围包括收货办公室、卸货停车泊位、收货月台和收货缓冲区。如图2-2所示。

图2-2 收货理货区实景图

(1)收货办公室是收货区的管理部门,又是直接指挥收卸货物的运作机构,必须布置在紧邻收货月台的位置,既要能够方便送货单据的接收,又要能直接观察到收货卸货情况、能够方便指挥调度送货车的运作。

(2)卸货停车泊位是送货车辆卸货所必须进入的指定停靠位置,与收货月台协同使用完成收卸货任务。车辆停靠在卸货停车泊位的时间是衡量收货作业效率的重要指标之一,停靠时间越短说明收货作业效率越高;反之,越低。

(3)收货月台是收货理货区的核心区域。为便于卸货,收货月台高度通常为1300mm,以保持月台面与车厢地面基本一致,叉车等搬运车辆能够自由驶入,完成卸货任务。为了增强对各种车型的适应性,部分配送中心的收货月台配备了可调节高度的液压升降平台,使装卸货更加便利。

(4)收货缓冲区是收货入库货物暂存区和理货区。在此区域完成入库货物的验收、计量(件)贴条码等工作,如果入库货物为件杂货且存储状态为货架存储,则需要再次完成货物码托(盘)作业。

> 月台使用规则:
> 1. 所有车辆使用月台均需要提前预约。
> 2. 车辆没有在约定的时间内到达,则需要重新预约。
> 3. 针对质检商品,则入质检月台位操作。
> 4. 原则上根据入库的库区进行分配月台位。
> 5. 如分配的月台正在作业状态中,则需要在停车场等待。

2. 存储区

存储区的布置因各配送中心的功能不同而异。存储型配送中心,其存储区域面积较大,约占总面积的1/2,且为了更大地提高空间利用率,通常采用货架存储方式(图2-3),如连锁超市配送中心;加工型配送中心,其存储区面积相对较小,约占总面积的1/3,如钢材流通加工中心;通过型配送中心不再独立设置存储区,只设置面积较小的暂存区,如大型商品分拣中心。

图2-3 货架存储区实景图

3. 流通加工区

流通加工是商品在从生产者向消费者流通的过程中,为了增加附加价值,满足客户需求,促进销售而进行简单的组装、剪切、套裁、贴标签、刷标志、分类、检量、弯管、打孔等加工作业。流通加工是生产过程在流通领域的延续,加工工艺与加工方式对流通加工区的布置有着深刻的影响,其决定流通加工区的面积大小以及与其他功能区之间的关联关系。

4. 拣选理货区

拣选理货是依据客户的订货要求或配送中心的送货计划,迅速、准确地将商品从其储位或其他区域拣取出来,并按一定的方式进行分类、集中,等待配装送货的作业过程。拣选理货区因配送中心的类别不同而有较大差异,通过型配送中心因其主要功能就是分拣配送,所以其拣选理货区面积所占比重较大;但是如煤炭配送中心和燃油配送中心,因其配送对象相对单一,不存在拣选理货作业内容,故其布局时不考虑拣选理货区的设置。

拣选理货区设置主要有三种类型。

(1)拣选区与存储区共用

如图2-4所示,拣选区与存储区不加区分,完全通用共用。

图2-4　重力式货架存取图

此类型设置的运行特点:入库存储以托盘为单位,拣选出库以托盘或箱为单位。此类型适合于品种数量不多,而每一品种入出库量较大的配送中心。

(2)拣选区与存储区按照层上层下加以区分

如图2-5和图2-6所示,将货架首层或者首层和二层作为拣选区,其余层位作为存储区,一个拣选波次完成后,实施自上而下补货。

图2-5　货架功能区划方式一

此类型设置的运行特点：入库存储以托盘或箱为单位，拣选出库以箱或单件为单位。此类型适合于品种较多，而每一品种拣选出库数量一般的配送中心。

图 2-6　货架功能区划方式二

（3）拣选区与存储区独立设置

如图 2-7 所示，存储区与拣选区完全独立分开，存储区布局设计强调空间利用率的最大化，而拣选区布局设计及设施设备选取强调拣选作业效率的最大化。拣选区作业面积较大，能够同时满足拣货、播种、再包装、分货、集货等多种功能的需要。当完成一个拣选波次后，由存储区向拣选区横向补货。

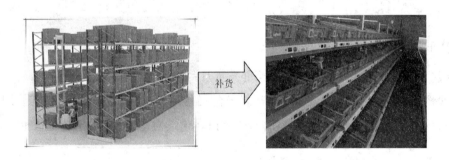

图 2-7　拣选区与存储区独立设置

此类型设置的运行特点：入库存储以托盘或箱为单位，拣选出库以单件（拆零）为单位。此类型适合于品种多，而每一品种拣选出库量较少的配送中心。

5. 发货待运区

发货待运区包括发货理货区、发货月台及配装泊位等区域。

发货理货区用于出库理货，验收交接。如：批量拣选时可用作播种区；也可用于按客户集货、按车集货以及按路线集货区域等；与承运人或收货人验收交接也在此区域。

发货月台用于待运装车时货物周转,发货月台高度通常低于收货月台高度,原因在于供应商送货车辆车型较大,而配送车辆车型较小。

配装泊位用于货物配装时配送车辆临时停车,停车泊位的数量是配送中心发货能力的重要标志。

6. 设备存放与维修区

设备存放与维修区用于满足装卸搬运设备的停放、维修养护,如电动叉车、电动托盘车等设备的维修养护以及充电。

7. 其他辅助区域

其他辅助区域包括配电室、行政办公区、员工生活区、停车场等,此类设施发挥着配送中心正常运转不可或缺的功能。

第二节 配送中心功能区布局类型

配送中心功能区布局类型取决于配送中心内部物流动线设计,不同的动线设计构成不同的功能区布局类型。所谓物流动线是指货物在配送中心内部从入口到出口的运动轨迹。动线设计强调人货分离,在保证物流畅通、高效快捷的同时,满足配送作业过程的特定功能(如越库)。

1. U形动线(图2-8)

动线描述:在仓库的一侧有两个的相邻发货月台和收货月台。

动线特点:①码头资源(月台+停车泊位)的最佳运用;②适合越库作业;③使用同一条通道供车辆出入;④易于控制和安全防范;⑤可以在建筑物三个方向进行空间扩张。

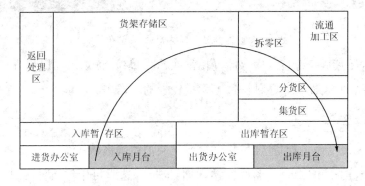

图2-8 U形动线布局图

单元二 配送中心功能区布局

2. I形动线（图2-9）

动线描述：出货和收货区域在仓库的不同方向。

动线特点：①可以应对进出货高峰同时发生的情况；②常用于接受相邻加工厂的货物，或用于不同类型车辆来出货和发货。

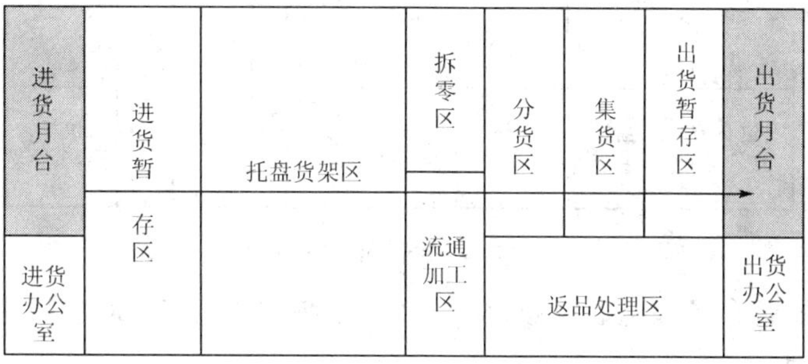

图2-9 I形动线布局图

3. L形动线（图2-10）

动线描述：需要处理快速货物的仓库通常会采用L形动线，L形动线把货物出入仓库的途径缩至最短。

动线特点：①可以满足进出货高峰同时发生对月台资源的需求；②适合越库作业的进行；③可同时处理"快流"及"慢流"的货物。

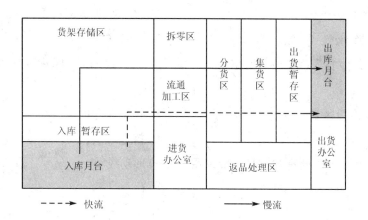

图2-10 L形动线布局图

4. S形动线（图2-11）

动线描述：需要经过多步骤处理的货品一般采用S形动线。

动线特点：①可以满足多种流通加工等处理工序的需要，且在宽度不足的仓库可作业；

②可与I形动线结合在一起使用。

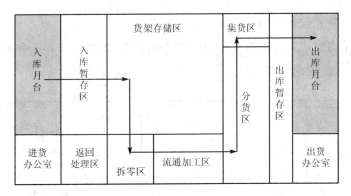

图 2-11　S 形动线布局图

配送中心功能区布局理论上划分为 U、I、L、S 四种类型，在实际应用中基本上是两种或两种以上结合应用。

复 习 题

一、单项选择题

1. 车辆停靠在卸货停车泊位的时间是衡量（　　）效率的重要指标之一。

　　A. 卸货作业　　　　　　　　　　　B. 收货作业

　　C. 入库作业　　　　　　　　　　　D. 备货作业

2. （　　）是收货入库货物暂存区和理货区，在此区域完成入库货物的验收、计量(件)贴条码等工作。

　　A. 入库检验区　　　　　　　　　　B. 收货缓冲区

　　C. 存储区　　　　　　　　　　　　D. 拣选理货区

3. 需要经过多步骤处理的货品一般采用（　　）形动线。

　　A. U　　　　　　　　　　　　　　B. I

　　C. L　　　　　　　　　　　　　　D. S

4. 需要处理快速货物的仓库通常会采用（　　）形动线，把货物出入仓库的途径缩至最短。

　　A. U　　　　　　　　　　　　　　B. I

　　C. L　　　　　　　　　　　　　　D. S

5. 以下哪种布局是配送中心码头资源的最佳运用？（　　）
   A. U形动线　　　　　　　　　　B. I形动线
   C. L形动线　　　　　　　　　　D. S形动线

二、多项选择题

1. 客户类型、数量不同,对出货的影响很大,例如客户是经销商或大卖场,则出货可能以（　　）为主。
   A. 整托盘　　B. 单品　　C. 整箱　　D. 拆零
   E. 特殊品

2. 下列哪些商品不存在拣选理货作业？（　　）
   A. 煤炭　　B. 日用百货　　C. 家电　　D. 成品油
   E. 水泥

3. 以下哪种配送中心功能区布局类型适合越库作业？（　　）
   A. U形　　B. I形　　C. L形　　D. S形
   E. 都不适合

4. 拣选理货区设置为拣选区与存储区共用,其特点包括（　　）。
   A. 入库存储以托盘为单位
   B. 拣选出库以托盘或箱为单位
   C. 适合于品种数量不多的配送中心
   D. 每单一品种出入库数量较大的配送中心
   E. 适合于商超配送中心

5. 配送中心月台使用规则包括（　　）。
   A. 所有车辆使用月台均需要提前预约
   B. 车辆没有在约定的时间内到达,则需要重新预约
   C. 针对质检商品,则入质检月台位操作
   D. 原则上根据入库的库区进行分配月台位
   E. 如分配的月台正在作业状态中,则需要在停车场等待

三、判断题

1. 商品的缺货率影响到库存保有量。　　　　　　　　　　　　　　（　　）
2. 卸货停车泊位是送货车辆卸货所必须进入的指定停靠位置,与收货月台协同使用完成收卸货任务,车辆停靠时间越短说明收货作业效率越低。　　　　（　　）

3.存储型配送中心其存储区域面积较大,约占总面积的1/2,且为了更大地提高空间利用率而通常采用货架存储方式。 (   )

4.流通加工是生产过程在流通领域的延续,加工工艺与加工方式对配送中心布局没有影响。 (   )

5.通过型配送中心因其主要功能就是分拣配送,所以其存储区面积所占比重较小。 (   )

单元三 配送中心收货作业

【知识目标】

1. 理解收货作业计划的作用和内容；
2. 熟悉配送中心设施设备；
3. 掌握货品 ABC 分类和货位优化的方法；
4. 掌握货位准备的计算方法；
5. 掌握收货作业流程及相关岗位职责。

【能力目标】

1. 能够准确认知和表达各种设施设备的名称和功用；
2. 能够熟练使用各种设施设备；
3. 能够独立完成托盘的合理码放以及实施保护措施；
4. 能够熟练使用 WMS 和 RF 完成入库；
5. 能够通过团队合作完成实物入库作业。

第一节　收货作业计划

配送中心收到供应商到货通知后,必须根据到货通知内容和自身作业任务情况制定收货作业计划。制定收货作业计划的目的是能够安全、快捷、高效地完成收货任务,同时实现存储空间的有效利用以及同时考虑拣选出库的效率。拣选出库作业效率直接影响配送中心整体服务水平,是配送中心管理运作能力的直接体现,而拣选出库效率的高低在很大程度上取决于收货入库的科学性与合理性。如:在平置库区,物品存储在离主通道越近的货位,其拣选效率就越高;反之,则越低。在货架存储库区,物品存储货位越低,其拣选效率就越高,并以首层货位为最;反之,则相反。

收货作业计划内容包括:物品分类、存储空间及存储设备准备、装卸搬运设备准备、检验

器具准备及作业人员、班组安排等。

小贴士：

　　货架存储区的管理规则通常是将货架首层作为拣选货位，首层以上货位为存储货位，拣选出库时先从首层拣选货位出货以保证出库效率，一个拣选波次后再由存储位向拣选位补货。但是由于拣选位数量限制，拣选位不可能满足所有品种货物需要，所以就需要根据货物周转状况进行分类，入库时首层拣选位要优先满足周转率高的货物。首层出货率是配送中心衡量入库作业管理效率的重要指标。

一、配送中心存储设备、装卸搬运设备及检验器具

1. 配送中心存储设备

1）货架

（1）货架的定义

　　货架是指用支架、隔板或托架组成的立体的储存物品的设施。货架在存储中占有非常重要的地位，为改善存储功能，不仅要求货架数量多，而且要求其具有多功能，并能很好地实现机械化和自动化。

（2）货架的功能

①货架是一种架式结构物，可充分利用仓库空间，提高库容利用率，扩大仓库储存能力。

②存入货架中的货物，互不挤压，物资损耗小，可完整保证货物本身的功能，减少货物的损失。

③货架中的货物，存取方便，便于清点及计量，可做到先进先出。

④保证存储货物的质量，可以采取防潮、防尘、防盗、防破坏等措施，以提高物资存储质量。

⑤很多新型货架的结构及功能有利于实现仓库的机械化及自动化。

（3）货架的分类

①按货架的发展分类，分为：传统式货架、新型货架。

a. 传统式货架，包括：层架、层格式货架、抽屉式货架、橱柜式货架、U形架、悬臂架、栅架、鞍架、气罐钢筒架、轮胎专用货架等。

b. 新型货架，分为：旋转式货架、移动式货架、装配式货架、调节式货架、托盘货架、进车式货架、高层货架、阁楼式货架、重力式货架、屏挂式货架等。

②按货架的适用性分类，分为：通用货架、专用货架。

③按货架的制造材料分类，分为：钢货架、钢筋混凝土货架、钢与钢筋混凝土混合式货架、木制货架、钢木合制货架等。

④按货架的封闭程度分类,分为:敞开式货架、半封闭式货架、封闭式货架。

⑤按结构特点分类,分为:层架、层格架、橱架、抽屉架、悬臂架、三角架、栅型架等。

⑥按货架的可动性分类,分为:固定式货架、移动式货架、旋转式货架、组合货架、可调式货架、流动储存货架等。

⑦按货架结构分类,分为整体结构式、分体结构式。

a.整体结构式:货架直接支撑仓库屋顶和围棚。

b.分体结构式:货架与建筑物分为两个独立系统。

⑧按货架的载货方式分类,分为:悬臂式货架、橱柜式货架、棚板式货架。

⑨按货架的构造分类,分为:组合可拆卸式货架和固定式货架。

⑩按货架高度分类,分为低层货架、中层货架、高层货架。

a.低层货架:高度在5m以下。

b.中层货架:高度在5~15m。

c.高层货架:高度在15m以上。

(4)配送中心常用的货架

①托盘式货架(图3-1)。此种货架是存放装有货物托盘的货架。托盘货架所用材质多为钢材(图3-2),也可用钢筋混凝土。可做单排型连接,也可做双排型连接。托盘式货架的尺寸大小根据仓库的大小及托盘尺寸的大小而定。

图3-1 托盘式货架

托盘式货架适用于品种中量、批量一般的货物存储,通常高在6m以下,层数以3~5层为宜。其优点是存取方便,拣取效率高,可任意调整组合,施工简易,出入库不受先后顺序的影响,可做到先进先出,一般的叉车都可以使用。但这种货架的存储密度较低,需要较多的通道。根据存取通道宽度可分为传统式通道、窄道式通道和超窄道式通道。

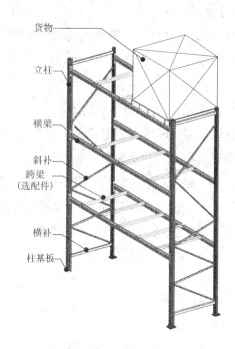

图3-2 托盘式货架的结构

②悬臂式货架(图3-3)。悬臂式货架是在立柱上装设杆臂构成的,悬臂常用金属材料制造,其尺寸一般根据所存放物料尺寸的大小确定。此货架适用于存放超长物品、环型物品、板材、管材和不规则物品。托臂可以是单面或双面。其前伸的悬臂具有结构轻、载重能力好的特点,特别是加固的立柱结构,可以承受2000~3000kg压力,悬臂单臂承重200~500kg。悬臂式货架特别适合于空间小、高度低的库房,管理方便,视野宽阔,存取物品方便、快速,对物品的存放一目了然;但不太便于机械化作业,大都采用人力存取。

图3-3 悬臂式货架

③阁楼式货架(图3-4)。阁楼式货架是多层(通常2~3层)堆叠制成阁楼布置的货架,其底层货架不但是保管物品的场所,而且是上层建筑承重梁的支撑,配有楼梯、扶手和物品提升电梯。其结构如图3-5所示。

a) b)

图3-4 阁楼式货架

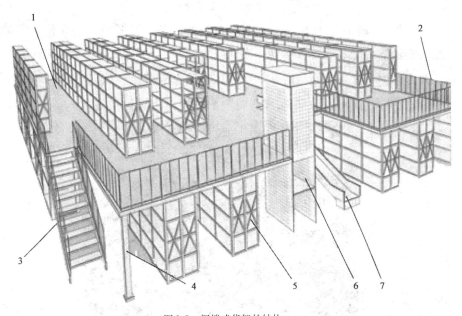

图3-5 阁楼式货架的结构
1-楼板;2-护栏;3-楼梯;4-立柱;5-斜拉;6-提升机;7-滑道

阁楼式货架能够很好地提高仓库的空间利用率,适用于库房较高、物品较轻、人工存取、储货量较大的仓库,同时也适用于仓库场地有限而存放物品品种很多的仓库。其缺点是由于主要是人工存取,因此存取作业效率低。主要用于存放储存期较长的中小件货物。

④移动式货架(图3-6)。移动式货架又叫做动力式货架,地面上设有轨道,货架底部装有滚轮,通过电机驱动装置,它可以沿水平方向移动。移动式货架平时密集相接排列,因此大幅度减少了通道数,提高了仓库利用率,使得地面使用率达80%;可直接存取每一项货品,不受先进先出的限制。移动式货架主要适用于仓库面积有限,但数量重且多的货物的存储。其缺点是相对来说电工装置较多,建造成本较高,维护也比较困难。

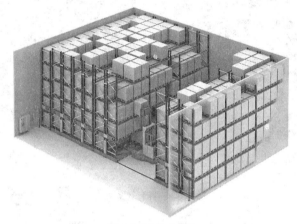

图3-6 移动式货架

⑤重力式货架(图3-7)。重力式货架又称流动式货架,其基本结构与普通层架类似,但是深度比一般层架大得多。每一层隔板成前端(出货端)低、后端(进货端)高的一定坡度,货物在重力的作用下自动向低端滑移。可以在滑道上安装辊子或滚轮,以提高货体的运动性能,尽量将坡度做得小一点。其结构如图3-8所示。

图3-7 重力式货架

重力式货架使得单位库房面积存储量大;固定了出入库位置,减少了出入库工具的运行距离;由于入库作业和出库作业完全分离,两种作业可各自向专业化、高效率发展,而且在出入库时,工具互不交叉,互不干扰,事故率降低,安全度增加;能够保证货物先进先出。主要用于大批量少品种储存货物的存放或配送中心的拣选作业中。

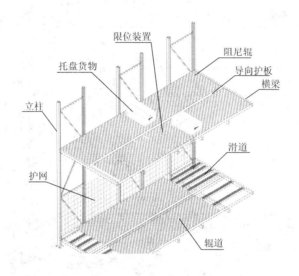

图3-8 重力式货架结构

⑥驶入/驶出式货架(图3-9)。驶入/驶出式货架又称进车式货架、通廊型货架。这是一种不以通道分割的、连续性的整栋式货架,在支撑导轨上,托盘按深度方向存放,一个紧接着一个,这使得高密度存储成为可能。通常采用钢结构,立柱上有水平突出的构件,叉车将托盘货物送入,由货架两边的构件托住托盘。驶入式货架只有一端可供叉车进出,而驶出式货架可供叉车从中通过,非常便于作业。

驶入/驶出式节省了通道的设置,使得仓容利用率可达90%;搬运车辆可以驶入货架内部选取物品;每一个开口对应一个品种;对于托盘的质量和规格要求较高;不便于保证货物的先进先出。适合于大批量少品种,对先进先出要求不高或批量存取的货物存储。

⑦流利式货架(图3-10)。流利式货架又称滑移式货架,采用辊轮铝合金、钣金等流利条,利用货物台架的自重,从一边通道存货,另一边通道取货、实现先进先出,存放方便以及一次补货多次取货。流利架存储效率高,适合大量货物的短期存放和拣选。可配电子标签,实现货物的轻松管理,常用滑动容器有周转箱,零件盒及纸箱,适合大量货物短期存放和拣选。

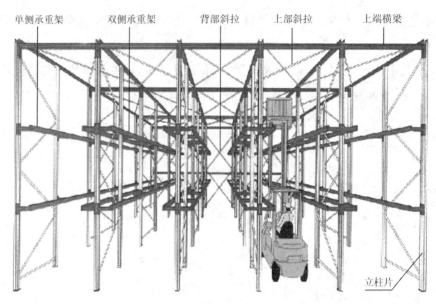

图 3-9 驶入式货架

图 3-10 流利式货架

2）托盘

托盘是配送中心最常用的集装工具。所谓集装是将许多单件物品通过一定的技术措施组合成尺寸规格相同、重量相近的大型标准化的组合体,这种大型的组合状态称为集装。通过采用集装化单元能够大幅度提高物流效率,降低物流费用。

（1）托盘的概念

托盘是指用于集装、堆放、搬运和运输的,放置作为单元负荷的货物和制品的水平平台装置。它既有搬运器具的作用,又有集装容器的功能。

（2）托盘的分类

①平托盘。平托盘是最常用的形式,它是一种通用型托盘,包括多种类别。

a. 按台面分类：可分为单面型、单面使用型、双面使用型和翼型四种（图3-11）。

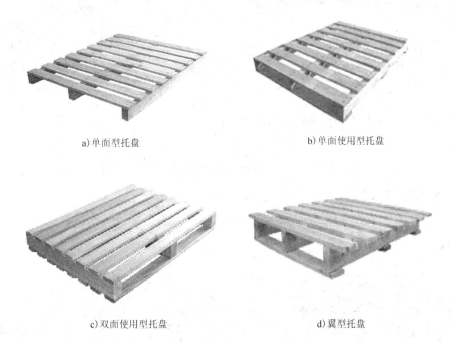

图3-11　平托盘按载物台面分类

b. 按叉车插入方式分类：可分为单向插入型、双向插入型、四向插入型三种类别（图3-12）。但其中单向插入型由于只有一个方向可以插入，叉车在操作时比较困难，因此不常采用。

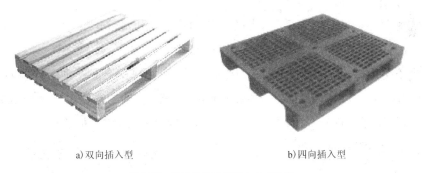

图3-12　平托盘按叉车插入方式分类

c. 按制造材料分类：可分为木制平托盘、钢制平托盘、塑料制平托盘和纸质平托盘。

a）木制平托盘（图3-13）：是用木材钉制成的托盘，也是托盘中的传统类型，由于其价格低廉，易于加工，适应性强，目前仍是使用范围最广的类型。

b）钢制平托盘（图3-14）：用角钢等异型钢材焊接制成的平托盘，具有强度高、不易损坏变形、维修工作量小等特点。

图 3-13　木制平托盘　　　　　　　　图 3-14　钢制平托盘

c）塑料制平托盘（图3-15）：采用塑料模制成平托盘，其使用范围广泛，仅次于木制平托盘，具有本体重量轻、耐腐蚀性强、颜色多等特点。

d）纸质平托盘（图3-16）：是一种新兴的技术，具有无虫害、环保、价格低廉以及承重能力强等优点，目前正受到越来越广泛的关注。

图 3-15　塑料平托盘　　　　　　　　图 3-16　纸质平托盘

②柱式托盘（图3-17）。在托盘的四个角上有固定或可卸式的柱子，又可在柱子上端用横梁连结，成门框架，提高货物码放的规则性和稳定性。

③箱式托盘（图3-18）。沿托盘四个边用板式、栅式、网式等各种平面组成箱体，有些箱体有顶板，有些则没有。在不使用的时候可以折叠起来，减少空间的占用，适合进行散货的堆放。

④轮式托盘（图3-19）。在柱式、箱式托盘的基础上，下部装有小型轮子，可以在没有搬运机的条件下做小距离的搬运。

3）周转箱

周转箱也称为物流箱，是一种塑料材质可重复使用的单元化容器。适用于物流过程中的运输、配送、储存、流通加工等环节。

周转箱可与多种物流容器和工位器具配合，用于各类仓库、生产现场等多种场合，在物流管理越来越被广大企业重视的今天，周转箱帮助完成物流容器的通用化、一体化管理，是生产及流通企业进行现代化物流管理的必备品。

图3-17 柱式托盘

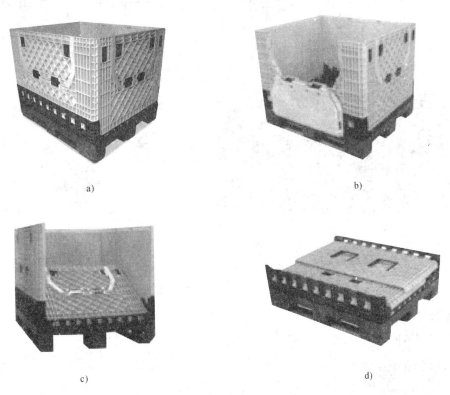

a)   b)

c)   d)

图3-18 箱式托盘

图 3-20 ~ 图 3-23 是几种常见的周转箱。

图 3-19　轮式托盘

图 3-20　普通周转箱

a)

b)

图 3-21　折叠式周转箱

图 3-22　折板式周转箱

图 3-23　医用周转箱

2. 配送中心装卸搬运设备

装卸搬运设备是配送中心现代化水平的重要标志之一，配送作业效率在很大程度上取决于装卸搬运设备的技术水平。不同的配送中心因服务项目的不同，所配备的装卸搬运设备亦有所不同。

1）装卸搬运设备

（1）叉车

叉车是指具有各种叉具，能够对物品进行升降、移动以及装卸作业的搬运车辆。叉车是配送中心装卸搬运机械中应用最广泛的一种,主要用于仓库内物品的装卸搬运,是一种既可做短距离水平运输,又可堆、拆跺和装卸卡车、铁路平板车的机械,在配置相应属具后,还能用于散货和各种规格品种物品的装卸作业。

①叉车的特点及用途。叉车与其他搬运机械一样,能够减轻装卸工人繁重的体力劳动。除了能提高装卸效率、缩短车辆停留时间、降低装卸成本以外,它还有以下特点和用途。

a.机械化程度高。使用货叉或相应属具,可以实现装卸工作的完全机械化,不需要工人的辅助体力劳动。

b.机动灵活性好。叉车外形尺寸小,转弯半径小,能够在作业区域内任意调动,适应物品数量及货流方向的改变,可机动地与其他起重机械配合工作,提高设备的使用率。

c.可以一机多用。使用各种属具如铲斗、悬臂吊、纸卷夹、抓桶器、串杆等,可以适应各种品种、形状和大小物品的装卸作业。

②叉车的分类。叉车的类型很多,具体分类见表3-1。

叉 车 分 类 表　　　　　　表3-1

按动力装置划分	按结构特点划分	按叉车的地面支撑点划分	按叉车轮胎种类划分
内燃叉车 电动叉车 步行操纵式叉车	平衡重式叉车 前移式叉车 插腿式叉车 拣选式叉车 侧叉式叉车	四点支撑式叉车 三点支撑式叉车	实心轮胎 充气轮胎

常见的叉车如图3-24所示。

　a)内燃平衡重式叉车　　　　b)电动平衡重式叉车　　　c)叉腿式步行叉车

图 3-24

d) 前移式叉车　　　　e) 站架叉腿式叉车　　　　f) 拣选式叉车

g) 侧叉式叉车　　　　h) 三点支撑式叉车

图 3-24　叉车

③叉车的型号及表示方法。

a. 国产叉车的型号及表示方法：我国常见叉车的型号标示方法如图 3-25 所示。

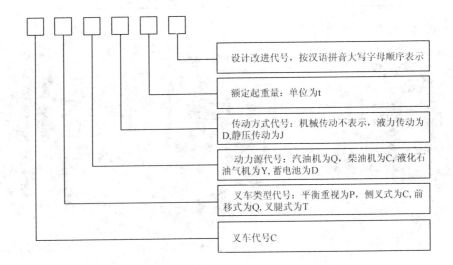

设计改进代号，按汉语拼音大写字母顺序表示

额定起重量：单位为 t

传动方式代号：机械传动不表示，液力传动为 D，静压传动为 J

动力源代号：汽油机为 Q，柴油机为 C，液化石油气机为 Y，蓄电池为 D

叉车类型代号：平衡重视为 P，侧叉式为 C，前移式为 Q，叉腿式为 T

叉车代号 C

图 3-25　国产叉车型号标示法

例如:某国产叉车的编号为CPQ20A,表示该型号叉车为第一次改进设计,起重量为2.0t,机械传动,以汽油机为动力装置的平衡重式叉车;编号CPCD30表示起重量为3.0t,液力传动,以柴油机为动力装置的平衡重式叉车;编号CPC3表示以柴油机为动力装置,额定起重量为3.0t,机械传动的平衡重式叉车。

b.进口叉车的型号及表示方法:进口叉车的型号标示方法如图3-26所示。

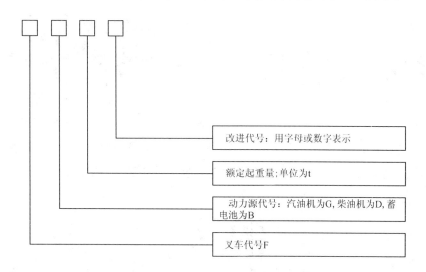

图3-26 进口叉车型号标示法

例如:某进口叉车的编号为FD30-A,表示第一次改进,以柴油机为动力源,额定起重量为3.0t的叉车。FB15-7表示第7次改进,以蓄电池为动力源,额定起重量为1.5t的叉车。

(2)搬运车

①手动搬运车(图3-27):又称为手动平板叉车或手动液压叉车,俗称地牛。能够对货物进行装卸以及短距离运输,具有升降平衡、转动灵活、操作方便等特点,在配送中心装卸搬运作业中应用最为广泛。

②电动搬运车(图3-28):又称为电动托盘车,由电机驱动液压系统完成货物的升降和车辆行走,具有速度快、效率高、轻便灵活等特点。它适用于重载及长时间货物转运,可大大提高货物搬运效率。

③称重式搬运车(图3-29):指在小型手动液压升降搬运车基础上增加高精度称重传感器和智能化数字显示仪表而组成的称重系统,实现了货物的搬运和称重同步进行,每次称重的数据可以自动显示和打印。它具有外形尺寸小、推行轻巧、升降自如、转弯方便、计量精确等优点。其主要用于仓储作业中货物的转移称量、计数,如铁路、公路货物的盘点称量,工矿企业成品库、半成品库货物出入库称量等。

图3-27 手动搬运车

图3-28 电动搬运车

④杠杆式搬运车(图3-30):俗称老虎车,利用杠杆原理完成货物的装卸,由人力完成货物的短距离运输,适用于单体大件人工搬运作业。其广泛应用于家电配送中心和批发零售企业。

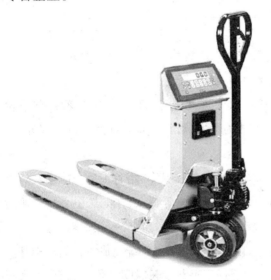
图3-29 称重式搬运车

图3-30 杠杆式搬运车

2)拣选设备

(1)输送设备

输送设备主要是为了配送中心内部将物品运送到预先安排的目的地,具有操作连续性、占地面积小和辅助作业等特点。

①滚筒式输送设备(图3-31):由驱动装置、传动系统、控制系统、滚筒、机架、支腿等部件组成,主要应用于平底物品的输送,如箱、包、平底件货、托盘等,对于非平底物品及柔性物品

可放置在周转箱内输送。具有输送量大、运转轻快、效率高,能实现多品种共线分流输送。

②滚珠式输送设备(图3-32):主要用于传送带的分流及合流处,用于支持和满足物品在输送过程中改变输送方向。

图3-31 滚筒式输送设备

图3-32 滚珠式输送设备

③滚轮式输送设备(图3-33):滚轮式输送设备主要用在输送线的弯道位置,用于改变输送过程中货物行进方向。

④皮带式输送设备(图3-34):具有输送量大、结构简单、维修方便、部件标准化等优点,广泛应用于矿山、冶金、煤炭等行业,用来输送松散物料或成件物品,根据输送工艺要求,可单台输送,也可多台组成或与其他输送设备组成水平或倾斜的输送系统,以满足不同的作业需要,适用于输送堆积密度小于$1.67t/m^3$、易于掏取的粉状、粒状、小块状的低磨琢性物料及袋装物料,如煤、碎石、砂、水泥、化肥、粮食等。

图3-33 滚轮式输送设备

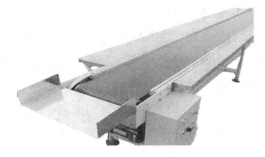

图3-34 皮带式输送设备

(2)分拣设备

分拣设备是按照预先设定的计算机指令对物品进行分拣,并将分拣出的物品送达指定位置。随着条码技术及计算机控制技术的发展,分拣设备在配送中心的使用日益普遍。

①滑块式分拣设备:表面由金属条板构成,呈竹席状,在每个条板上有一枚用硬质材料制成的导向滑块,能沿条板作横向滑动。平时滑块停止在输送机的侧边,当被分拣的货物到达指定道口时,控制器使导向滑块有序地自动向对面一侧滑动,把货物推入分拣道口,从而货物就被引出主输送设备(图3-35)。这种方式是将货物侧向逐渐推出,并不冲击货物,故货

物不容易损伤,它对分拣货物的形状和大小适用范围较广,是目前国外一种最新型的高速分拣设备。

②挡板式分拣设备(图3-36):利用一个挡板(挡杆)挡住在输送机上向前移动的货物,将货物引导到分拣道口。

图3-35　滑块式分拣设备

图3-36　挡板式分拣设备

③翻盘/翻板式(倾斜式)分拣设备。

a. 翻板式分拣设备:是一种特殊型的条板输送设备,货物放置在输送设备的条板上,当货物行走到需要分拣的位置时,条板的一端自动升起,使条板倾斜,从而将货物移离主输送设备。货物占用的条板数随不同货物的长度而定,经占用的条板如同一个单元,同时倾斜。因此,这种分拣设备对货物的长度在一定范围内不受限制。

b. 翻盘式分拣设备(图3-37):由一系列的盘子组成,盘子为铰接式结构,能够向左或向右倾斜。装载货物的盘子行走到分拣位置时,盘子倾斜,将货物翻到旁边的滑道中。为减轻货物倾倒时的冲击力,有的分拣设备能控制货物以抛物线状来倾倒货物。这种分拣设备对分拣货物的形状和大小可以不拘,但以不超出盘子规格为限。对于长形货物可以使用两只盘子放置,倾倒时两只盘子同时倾斜。

④浮出式分拣设备(图3-38):是把货物从主输送设备上托起,从而将货物引导出主输送机的一种结构形式。

图3-37　翻盘式分拣设备

图3-38　浮出式分拣设备

⑤拣选车(图3-39):原理是用一辆小车同时对应多个订单,即可以同时完成多张订单的拣货作业,从而避免了重复走动。每个拣货标签代表一个订单。

图3-39 拣选车

⑥电子标签分拣。

a. DPS(Digital Picking System)——摘取式拣货系统:是在拣货操作区中的所有货架上,为每一种货物安装一个电子标签,并与系统的其他设备连接成网络。电脑可根据货物位置和订单数据,发出出货指示并使货架上的电子标签亮灯,作业人员根据电子标签所显示的数量及时、准确、轻松地完成以"件"或"箱"为单位的拣货作业。如图3-40所示。

图3-40 摘取式拣货系统示意图

b. DAS(Digital Assorting System)——播种式拣货系统:是利用电子标签实现播种式分拣出库的系统。DAS中的储位代表每一客户,每一储位都设置电子标签。作业人员先通过条码识读器把将要分拣货物的信息输入系统中,相应客户的分货位置所在的电子标签就会亮灯、发出蜂鸣,同时显示出该位置所需分货的数量,作业人员根据指示进行快速分拣作业。如图3-41所示。

3. 检验器具

检验器具是指配送中心收货入库之前,对货品的数量、质量及属性等进行检测验收的工具和仪器。

图 3-41　播种式拣货系统示意图

(1) 计数器

计数器是配送中心收货作业过程中为了方便对入库货物数量进行记录的辅助性工具,应用较为广泛。如图 3-42 所示。

图 3-42　五位手动计数器

(2) 衡器

衡器(Weighing Machine),是计量器具的一个重要组成部分。过去人们称计量为"度量衡"。所谓"度",是指用尺测量物体的长短;所谓"量",是指用容器测量物体的体积;所谓"衡",则是指测量物体重量。配送中心最常用的衡器包括:台秤、吊秤和汽车衡。如图 3-43 所示。

(3) 测湿仪

当配送中心收货检验的对象是木材制品、粮食、烟丝、棉花、动物毛发等货品时,入库前必须对其进行含水量的检验,符合标准方可入库。常见测湿仪如图 3-44 所示。

(4) 比重计

特种货物配送中心收货检验时需要对入库液体货物的质量进行检验,比重计是最常用的仪器之一。如图 3-45 所示。

a) 电子台秤　　　　　　　b) 吊秤

c) 汽车衡

图 3-43　衡器

a) 针式木材水分测湿仪　　　b) 针式烟丝测湿仪　　　c) 粮食水分测湿仪

图 3-44　测湿仪

图 3-45　比重计

二、货位优化与物动量 ABC 分类

配送中心在安排货物入库前,必须对入库货品的存储位置加以确定。确定货品存储位置的基本原则是保证货品出库效率最高。

拣选出库效率是衡量配送中心工作效率的重要指标,同时直接影响着客户订货提前期的长短,而客户订货提前期又是评价对客户需求反应及时度的关键指标。也就是说要想提高订户需求反应及时度,必须缩短客户订货提前期,而提高拣选出库效率是缩短客户订货提前期的关键因素之一。提高拣选出库效率的途径有很多,包括合理的人员调配、有效的作业组织、信息化及自动化设备的引进以及科学合理的入库作业,而科学合理的入库作业又是诸多途径中的基础。入库作业的科学合理性体现在在正确的时间把正确的物品存放到正确的位置上,而入库位置就决定了出库效率的高低。在配送中心离主通道近的位置,拣选出库效率就高,反之则低;如果是货架存储,货架的首层拣选出库效率就远远优于首层之外的其他位置,而且这种优势会随着货架层数的增加愈加明显。

入库货品如何选择存储货位是入库作业计划中的重点问题,只有清楚地知道何种货品流转速度快、何种货品流转速度慢,才能给予准确定位。而获取货品流转速度的最佳方法就是 ABC 分类法。在仓储课程里的库存控制部分已经讲到库存 ABC 分类法,可以称之为"库存 ABC 分类"。本课程所讲"ABC 分类法"与其在方法、原理上是完全一样的,差别在于分析指标选用不同,可以称之为"物动量 ABC 分类"。下面应用具体案例加以说明。

以下是某配送企业连续六周出库作业统计信息(周报),请根据该企业历史出库信息对所涉及的货品进行物动量 ABC 分类。

出库作业周报 1(物动量统计)

制表人:×× 　　　　　　　　　　　　　　　　　　制表时间:××年×月×日

货品编码/条码	货品名称	出库量(箱)
6901521103123	诚诚油炸花生仁	60
6902774003017	金多多婴儿营养米粉	0
6903148042441	吉欧蒂亚干红葡萄酒	150
6917878007441	蜂圣牌蜂王浆冻干粉片	900
6918010061360	脆香饼干	146
6918163010887	小师傅方便面	0
6920855052068	利鑫达板栗	88
6920855784129	黄桃水果罐头	975
6920907800173	休闲黑瓜子	37
6931528109163	玫瑰红酒	0

续上表

货品编码/条码	货品名称	出库量（箱）
6932010061808	神奇松花蛋	80
6932010061815	兴华苦杏仁	400
6932010061822	爱牧云南优质小粒咖啡	397
6932010061839	联广酶解可可豆	342
6932010061846	隆达葡萄籽油	100
6932010061853	乐纳可茄汁沙丁鱼罐头	30
6932010061860	金谷精品杂粮营养粥	37
6932010061877	华冠芝士微波炉爆米花	21
6932010061884	早苗栗子西点蛋糕	12
6932010061891	轩广章鱼小丸子	60
6932010061907	大嫂什锦水果罐头	13
6932010061914	雅比沙拉酱	10
6932010061921	山地玫瑰蒸馏果酒	0
6932010061938	梦阳奶粉	0
6932010061945	大牛牛奶	30
6932010061952	日月腐乳	50
6932010061969	鹏泽海鲜锅底	31
6932010061976	大厨方便面	0
6932010062065	大王牌大豆酶解蛋白粉	2576
6939261900108	好娃娃薯片	36

出库作业周报2（物动量统计）

制表人：×× 　　　　　　　　　　　　　　　制表时间：××年×月×日

货品编码/条码	货品名称	出库量（箱）
6901521103123	诚诚油炸花生仁	0
6902774003017	金多多婴儿营养米粉	25
6903148042441	吉欧蒂亚干红葡萄酒	20
6917878007441	蜂圣牌蜂王浆冻干粉片	150
6918010061360	脆香饼干	42
6918163010887	小师傅方便面	37
6920855052068	利鑫达板栗	30
6920855784129	黄桃水果罐头	65
6920907800173	休闲黑瓜子	7
6931528109163	玫瑰红酒	37

续上表

货品编码/条码	货品名称	出库量（箱）
6932010061808	神奇松花蛋	47
6932010061815	兴华苦杏仁	96
6932010061822	爱牧云南优质小粒咖啡	106
6932010061839	联广酶解可可豆	56
6932010061846	隆达葡萄籽油	61
6932010061853	乐纳可茄汁沙丁鱼罐头	30
6932010061860	金谷精品杂粮营养粥	38
6932010061877	华冠芝士微波炉爆米花	0
6932010061884	早苗栗子西点蛋糕	36
6932010061891	轩广章鱼小丸子	0
6932010061907	大嫂什锦水果罐头	0
6932010061914	雅比沙拉酱	0
6932010061921	山地玫瑰蒸馏果酒	20
6932010061938	梦阳奶粉	38
6932010061945	大牛牛奶	0
6932010061952	日月腐乳	0
6932010061969	鹏泽海鲜锅底	37
6932010061976	大厨方便面	20
6932010062065	大王牌大豆酶解蛋白粉	269
6939261900108	好娃娃薯片	0

出库作业周报3（物动量统计）

制表人：×× 　　　　　　　　　　　　　　　制表时间：××年×月×日

货品编码/条码	货品名称	出库量（箱）
6901521103123	诚诚油炸花生仁	50
6902774003017	金多多婴儿营养米粉	25
6903148042441	吉欧蒂亚干红葡萄酒	0
6917878007441	蜂圣牌蜂王浆冻干粉片	259
6918010061360	脆香饼干	67
6918163010887	小师傅方便面	0
6920855052068	利鑫达板栗	32
6920855784129	黄桃水果罐头	1270
6920907800173	休闲黑瓜子	25
6931528109163	玫瑰红酒	94
6932010061808	神奇松花蛋	59
6932010061815	兴华苦杏仁	380

续上表

货品编码/条码	货品名称	出库量(箱)
6932010061822	爱牧云南优质小粒咖啡	87
6932010061839	联广酶解可可豆	0
6932010061846	隆达葡萄籽油	0
6932010061853	乐纳可茄汁沙丁鱼罐头	39
6932010061860	金谷精品杂粮营养粥	25
6932010061877	华冠芝士微波炉爆米花	0
6932010061884	早苗栗子西点蛋糕	25
6932010061891	轩广章鱼小丸子	20
6932010061907	大嫂什锦水果罐头	0
6932010061914	雅比沙拉酱	0
6932010061921	山地玫瑰蒸馏果酒	0
6932010061938	梦阳奶粉	26
6932010061945	大牛牛奶	30
6932010061952	日月腐乳	0
6932010061969	鹏泽海鲜锅底	0
6932010061976	大厨方便面	25
6932010062065	大王牌大豆酶解蛋白粉	570
6939261900108	好娃娃薯片	26

出库作业周报4(物动量统计)

制表人：×× 制表时间：××年×月×日

货品编码/条码	货品名称	出库量(箱)
6901521103123	诚诚油炸花生仁	50
6902774003017	金多多婴儿营养米粉	0
6903148042441	吉欧蒂亚干红葡萄酒	60
6917878007441	蜂圣牌蜂王浆冻干粉片	380
6918010061360	脆香饼干	100
6918163010887	小师傅方便面	26
6920855052068	利鑫达板栗	50
6920855784129	黄桃水果罐头	276
6920907800173	休闲黑瓜子	0
6931528109163	玫瑰红酒	18
6932010061808	神奇松花蛋	0
6932010061815	兴华苦杏仁	269
6932010061822	爱牧云南优质小粒咖啡	0
6932010061839	联广酶解可可豆	100

续上表

货品编码/条码	货品名称	出库量（箱）
6932010061846	隆达葡萄籽油	39
6932010061853	乐纳可茄汁沙丁鱼罐头	25
6932010061860	金谷精品杂粮营养粥	36
6932010061877	华冠芝士微波炉爆米花	27
6932010061884	早苗栗子西点蛋糕	27
6932010061891	轩广章鱼小丸子	0
6932010061907	大嫂什锦水果罐头	12
6932010061914	雅比沙拉酱	0
6932010061921	山地玫瑰蒸馏果酒	0
6932010061938	梦阳奶粉	13
6932010061945	大牛牛奶	0
6932010061952	日月腐乳	20
6932010061969	鹏泽海鲜锅底	0
6932010061976	大厨方便面	0
6932010062065	大王牌大豆酶解蛋白粉	820
6939261900108	好娃娃薯片	0

出库作业周报 5（物动量统计）

制表人：×× 　　　　　　　　　　　　　　　　　　制表时间：××年×月×日

货品编码/条码	货品名称	出库量（箱）
6901521103123	诚诚油炸花生仁	50
6902774003017	金多多婴儿营养米粉	20
6903148042441	吉欧蒂亚干红葡萄酒	60
6917878007441	蜂圣牌蜂王浆冻干粉片	63
6918010061360	脆香饼干	97
6918163010887	小师傅方便面	0
6920855052068	利鑫达板栗	0
6920855784129	黄桃水果罐头	297
6920907800173	休闲黑瓜子	27
6931528109163	玫瑰红酒	46
6932010061808	神奇松花蛋	40
6932010061815	兴华苦杏仁	82
6932010061822	爱牧云南优质小粒咖啡	200
6932010061839	联广酶解可可豆	17
6932010061846	隆达葡萄籽油	100
6932010061853	乐纳可茄汁沙丁鱼罐头	54

续上表

货品编码/条码	货品名称	出库量（箱）
6932010061860	金谷精品杂粮营养粥	27
6932010061877	华冠芝士微波炉爆米花	43
6932010061884	早苗栗子西点蛋糕	0
6932010061891	轩广章鱼小丸子	15
6932010061907	大嫂什锦水果罐头	5
6932010061914	雅比沙拉酱	20
6932010061921	山地玫瑰蒸馏果酒	0
6932010061938	梦阳奶粉	13
6932010061945	大牛牛奶	30
6932010061952	日月腐乳	20
6932010061969	鹏泽海鲜锅底	11
6932010061976	大厨方便面	0
6932010062065	大王牌大豆酶解蛋白粉	1064
6939261900108	好娃娃薯片	28

出库作业周报6（物动量统计）

制表人：××　　　　　　　　　　　　　　　　制表时间：××年×月×日

货品编码/条码	货品名称	出库量（箱）
6901521103123	诚诚油炸花生仁	50
6902774003017	金多多婴儿营养米粉	0
6903148042441	吉欧蒂亚干红葡萄酒	50
6917878007441	蜂圣牌蜂王浆冻干粉片	458
6918010061360	脆香饼干	48
6918163010887	小师傅方便面	27
6920855052068	利鑫达板栗	0
6920855784129	黄桃水果罐头	217
6920907800173	休闲黑瓜子	4
6931528109163	玫瑰红酒	45
6932010061808	神奇松花蛋	44
6932010061815	兴华苦杏仁	243
6932010061822	爱牧云南优质小粒咖啡	100
6932010061839	联广酶解可可豆	165
6932010061846	隆达葡萄籽油	100
6932010061853	乐纳可茄汁沙丁鱼罐头	12
6932010061860	金谷精品杂粮营养粥	17
6932010061877	华冠芝士微波炉爆米花	39

续上表

货品编码/条码	货品名称	出库量（箱）
6932010061884	早苗栗子西点蛋糕	20
6932010061891	轩广章鱼小丸子	15
6932010061907	大嫂什锦水果罐头	0
6932010061914	雅比沙拉酱	0
6932010061921	山地玫瑰蒸馏果酒	0
6932010061938	梦阳奶粉	0
6932010061945	大牛牛奶	0
6932010061952	日月腐乳	0
6932010061969	鹏泽海鲜锅底	11
6932010061976	大厨方便面	25
6932010062065	大王牌大豆酶解蛋白粉	451
6939261900108	好娃娃薯片	0

1. 处理过程

第一步：将历史资料（六周出库周报）进行汇总，形成一个更长时期内的仓库出库信息。

第二步：将汇总后的出库资料按照升序或者降序排列。

第三步：计算出各商品品类和出库量所占比重。

第四步：计算品类累计比重和出库量累计比重。

第五步：依据 ABC 分类标准将所涉货品分成 A 类、B 类和 C 类。

物动量 ABC 分类过程表

序号	货品编码/条码	货品名称	出库量（箱）	所占比重% 品类	所占比重% 出库量	累计比重% 品类	累计比重% 出库量	分类
1	6932010062065	大王牌大豆酶解蛋白粉	5750	3.3333	32.1229	3.3333	32.1229	A
2	6920855784129	黄桃水果罐头	3100	3.3333	17.3184	6.6667	49.4413	A
3	6917878007441	蜂圣牌蜂王浆冻干粉片	2210	3.3333	12.3464	10.0000	61.7877	A
4	6932010061815	兴华苦杏仁	1470	3.3333	8.2123	13.3333	70.0000	
5	6932010061822	爱牧云南优质小粒咖啡	890	3.3333	4.9721	16.6667	74.9721	
6	6932010061839	联广酶解可可豆	680	3.3333	3.7989	20.0000	78.7709	
7	6918010061360	脆香饼干	500	3.3333	2.7933	23.3333	81.5642	
8	6932010061846	隆达葡萄籽油	400	3.3333	2.2346	26.6667	83.7989	B
9	6903148042441	吉欧蒂亚干红葡萄酒	340	3.3333	1.8994	30.0000	85.6983	
10	6932010061808	神奇松花蛋	270	3.3333	1.5084	33.3333	87.2067	
11	6901521103123	诚诚油炸花生仁	260	3.3333	1.4525	36.6667	88.6592	
12	6931528109163	玫瑰红酒	240	3.3333	1.3408	40.0000	90.0000	

续上表

序号	货品编码/条码	货品名称	出库量（箱）	所占比重% 品类	所占比重% 出库量	累计比重% 品类	累计比重% 出库量	分类
13	6920855052068	利鑫达板栗	200	3.3333	1.1173	43.3333	91.1173	
14	6932010061853	乐纳可茄汁沙丁鱼罐头	190	3.3333	1.0615	46.6667	92.1788	
15	6932010061860	金谷精品杂粮营养粥	180	3.3333	1.0056	50.0000	93.1844	
16	6932010061877	华冠芝士微波炉爆米花	130	3.3333	0.7263	53.3333	93.9106	
17	6932010061884	早苗栗子西点蛋糕	120	3.3333	0.6704	56.6667	94.5810	
18	6932010061891	轩广章鱼小丸子	110	3.3333	0.6145	60.0000	95.1955	
19	6920907800173	休闲黑瓜子	100	3.3333	0.5587	63.3333	95.7542	
20	6918163010887	小师傅方便面	90	3.3333	0.5028	66.6667	96.2570	
21	6932010061938	梦阳奶粉	90	3.3333	0.5028	70.0000	96.7598	
22	6932010061945	大牛牛奶	90	3.3333	0.5028	73.3333	97.2626	C
23	6932010061952	日月腐乳	90	3.3333	0.5028	76.6667	97.7654	
24	6932010061969	鹏泽海鲜锅底	90	3.3333	0.5028	80.0000	98.2682	
25	6939261900108	好娃娃薯片	90	3.3333	0.5028	83.3333	98.7709	
26	6902774003017	金多多婴儿营养米粉	70	3.3333	0.3911	86.6667	99.1620	
27	6932010061976	大厨方便面	70	3.3333	0.3911	90.0000	99.5531	
28	6932010061907	大嫂什锦水果罐头	30	3.3333	0.1676	93.3333	99.7207	
29	6932010061914	雅比沙拉酱	30	3.3333	0.1676	96.6667	99.8883	
30	6932010061921	山地玫瑰蒸馏果酒	20	3.3333	0.1117	100.0000	100.0000	
	合计		17900	100.0000	100.0000			

说明：本表采用降序排列、向下累计的统计方法；A类、B类和C类的界限分别是70%和90%，不同的企业采用此方法时，则依据企业实际情况而定。

2. 物动量ABC分类在货位优化中的应用

ABC分类的结果是用于指导货物入库时的货位选择，其目的是提高货物周转率。A类货物应该放置在出库最方便的库房出入口和主通道的两侧，如果是货架库则适宜选择在货架的一层。C类货物由于出库频率最低，货位宜选在库房的角落或者货架的顶部。

ABC分类方法适合于需求相对均衡的货物，而具有明显的季节性或者周期性波动的货物则必须依据实际的情况进行调整。例如空调具有明显的淡季和旺季，5～8月份是旺季，9月份则进入淡季，即5～8月份空调是A类，9月就是C类。所以9月份入库时不能按照5～8月份历史数据选择货位。

三、货位与托盘占用量确定

计划入库物品如果上架存储,那么在明确存储位置和所需货位数量的同时,还要准备好相应数量的托盘。

1. 货架库货位优化

科学合理的入库货位分配,可以实现最大限度地缩短拣选出库时间,提高拣选出库效率,提高客户服务水平。

决定计划入库物品的存储位置的关键因素是物动量分类的结果,高物动量物品应该选择首层货位,中物动量物品应该选择中间层货位,低物动量物品则应该选择上层货位。

2. 货架库货位及托盘数量准备

为保证计划入库物品能够顺利入库,仓管人员应在入库前准备出足够的货位和上架所需的托盘。在计算所需货位及托盘数量时所应考虑的因素包括:①计划入库的物品种类及包装规格;②货架货位的设计规格;③所需托盘规格;④叉车作业要求;⑤作业人员的熟练程度与技巧。

货架库入位与平置库入位不同的地方还包括货位净高的要求,以及叉车作业空间的预留,一般预留空间90~150mm。

例:

某公司收到一份入库通知单,计划入库物品为干红葡萄酒,包装规格为460mm×260mm×252mm,堆码层数限制为6层,共536箱。该批货物上架存储需准备多少个货位和托盘?

该公司托盘式货架和托盘信息如图3-46所示。

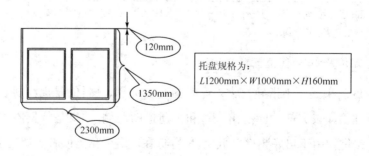

图3-46 货架信息示意图

解:

(1)码放规则的确定

经分析上述资料可知,物品码放最佳规则为旋转交错式码放,每层可码放9箱,实现托盘利用率最大化,并可实现奇偶层间的压缝,做到整齐、牢固、美观。如图3-47所示。

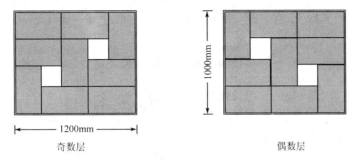

图3-47 托盘码放示意图

(2)码放层数的确定

货架层高为1350mm,横梁高为120mm,依此可知货架层间净高为1230mm,物品上架时还要考虑托盘的厚度(160mm),和叉车上架时的作业空间(90~150mm)。综上考虑,托盘码放层数的计算公式为:

$$码放层数 = \frac{货架每层高度 - 货架横梁高度 - 托盘厚度 - 叉车上架作业空间}{单位包装的高度}$$

即

$$\frac{1350 - 120 - 160 - 90}{252} \approx 3.9 = 3 \text{层}$$

所以,该物品每个托盘码放应不超过3层

(3)货位数量及所需托盘数量的计算

每个托盘码放3层,每层码9箱货,每个托盘(货位)可码放27箱,则该批物品所需托盘(货位)的数量为:

$$该批物品所需托盘数 = \frac{物品总量}{单位托盘码放数量}$$

即

$$\frac{536}{27} \approx 19.85 = 20 \text{个}$$

即该批物品入库前需准备20个货位和托盘。

四、平置库货位面积占用的确定

根据入库计划,在物品到达前将存储的位置和所需的货位面积予以确定。

确定物品存储的位置主要考虑平置库平面布局、物品在库时间、物品物动量高低等关键因素。高物动量的物品,在库时间一般较短,所以高物动量的物品应放置在离主通道或库门较近的地方。

确定物品所需货位面积必须考虑的因素包括仓库的可用高度、仓库地面荷载、物品包装物所允许的堆码层数以及物品包装物的长、宽、高。

计算占地面积的公式：

$$单位包装物的面积 = 长 \times 宽$$

$$单位面积重量 = \frac{单位商品毛重}{单位包装物面积}$$

可堆层数从净高考虑：

$$层数\ a = \frac{库高}{箱高}$$

可堆层数从地坪荷载考虑：

$$层数\ b = \frac{地坪单位面积最高载荷量}{单位面积重量}$$

$$可堆层数 = \min\{层数\ a, 层数\ b\}$$

$$占地面积 = \frac{总件数 \times 单位包装物面积}{可堆层数}$$

例：

今收到供应商发来入库通知单，计划到货日期为次日上午 10 点，内容如下：

品名：五金工具　　　　　　　包装规格：500mm×200mm×300mm

包装材材质：杨木　　　　　　单体毛重：45kg

包装标识限高 5 层　　　　　　数量：3600 箱

如果此批货物入库后就地码垛堆存，你作为仓库管理员请计算出至少需要多大面积的储位？如果目标存储区域宽度限制为 5.0m，计算出计划堆成的货垛的垛长、垛宽及垛高各为多少箱？

注：①仓库高度为 4.6m，地坪荷载：2000kg/m²；②垛型要求为重叠堆码的平台垛。

解：

由题干可知一箱的底面积为 $0.5 \times 0.2 = 0.1 m^2$，

所以一平方米可放置 $1 \div 0.1 = 10$ 箱。

因为单体毛重为 45kg，

所以 $45 \times 10 = 450$ kg。

又因地坪荷载：2000kg/m²，

所以 $2000 \div 450 \approx 4$ 层，

所以一平米 $4 \times 10 = 40$ 箱。

因入库 3600 箱,

所以 $3600 \div 40 = 90 m^2$。

又因目标存储区域宽度限制为 5.0m,

所以 $90 \div 5 = 18m, 18 \div 0.5 = 36$ 箱, $5 \div 0.2 = 25$ 箱。

综上所述:至少需要 $90 m^2$ 的储位面积。

堆成的货垛的垛长为 36 箱、垛宽为 25 箱、垛高为 4 箱。

五、人员及设备准备

根据计划入库作业量合理安排接卸货人员和班组配备,既要保证接卸货作业高效、快捷,又要保证接卸货作业人员的劳动积极性。

设备准备主要指装卸搬运设备和检验设备的准备,根据入库货物的数量、体积、质量、属性、单元状态等情况具体安排设备的种类和数量;检验设备是依据验收项目和货物的具体物流属性和化学属性来安排,如计重、测湿、测比重等。

第二节　收　货　作　业

一、收货预约

收货预约是指配送中心为了规范收货作业过程,提高停车场地、月台泊位以及收货班组、设备的利用率,而要求供货商在送货之前必须提前通知配送中心,配送中心依据各供货商的预约安排收货计划。运行良好的收货预约机制可以提高月台泊位及收货设备的利用效率、可以提高收货作业效率,进而可以有效地降低收货环节的作业成本。

供货商车辆如果在预约的时间内抵达配送中心,配送中心安排车辆进入卸货泊位进行卸货验货;如果未在约定的时间内抵达配送中心,则必须重新预约,排队等候。如图 3-48 所示。

二、卸货作业

1. 作业概述

卸货作业是装卸搬运员工利用一定的机械设备将到达货品从车辆等运输工具转移到相应暂存区的过程,是货品流通过程中的一次重要的空间转移过程,该作业的质量对货品流通中破损率的高低起着决定性的作用,该过程中装卸搬运员工的素质和技能以及使用的装卸搬运工具都会影响到货物的损坏程度,因此加强卸货作业的管理,采用先进的装卸搬运技术和设备颇为重要。

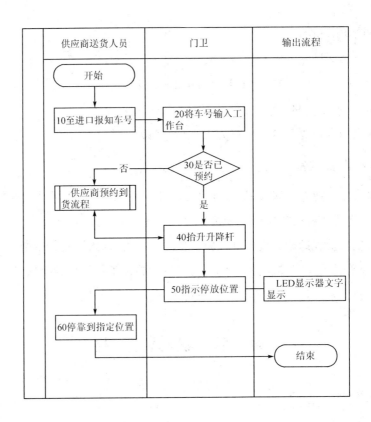

图 3-48　预约进站流程图

2. 作业流程

卸货作业流程如图 3-49 所示。

（1）车辆进场

仓管员指导车辆停靠在卸货月台，调整月台液压平台高度与车厢底板一致。

（2）核对单据

供应商代表将到货单与信息中心提供的订单副本交仓库收货员，收货员核对两份单证。

（3）卸货码托

①仓库收货员组织装卸工运用合适的装卸搬运设备将货品卸车。

②依照货品的类型和性质，对货品进行科学合理的托盘码放。

③在卸车和码放拼盘时要注意商品的外包装是否完好。

④入库商品如需粘贴条码，需在码放拼盘的同时完成。

⑤码放完毕将货搬至暂存区等待验收入库。

单元三 配送中心收货作业

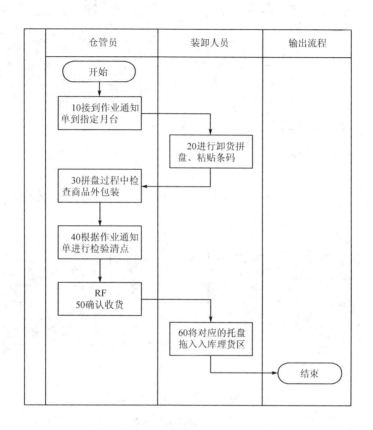

图3-49 卸货作业流程图

3. 管理技能

卸货作业决定着货品流通过程中的破损率高低,高质量的卸货作业是货品质量的重要保证,利用先进的卸货技术能提高卸货作业效率。

（1）托盘常用堆码方式

托盘作为一种最常用的货品堆码设备,在摆放同一形状的立体包装货品时,可以采用多种交错组合的办法堆码,这可以保证稳定性,减少加固的需要。常用的托盘堆码方式以及各自特点如下。

①重叠式:各层码放方式相同,上下对应,层与层之间不交错堆码。如图3-50所示。

a. 优点:操作简单,工人操作速度快,包装物四个角和边重叠垂直,承压能力大。

b. 缺点:层与层之间缺少咬合,稳定性差,容易发生塌垛。

c. 适用范围:货品底面积较大情况下,该方式有足够稳定性;该方法堆码配合以合适的加固方式不仅能保持稳固,还能保留操作省力等优点。比较适合自动装盘操作。

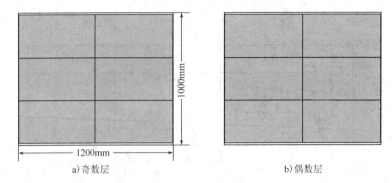

图 3-50 重叠式码放示意图

② 纵横交错式:相邻两层货品的摆放旋转 90°,一层为横向放置,另一层为纵向放置,层次之间交错堆码。如图 3-51 所示。

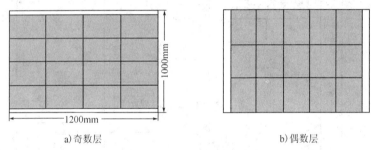

图 3-51 纵横交错式码放示意图

a. 优点:操作相对简单,层次之间有一定的咬合效果,稳定性比重叠式好。

b. 缺点:咬合强度不够,稳定性还不足。

c. 适用范围:比较适合自动装盘堆码操作。

③ 旋转交错式:第一层相邻两边的包装体都互为 90°,两层之间的堆码相差 180°。如图 3-52所示。

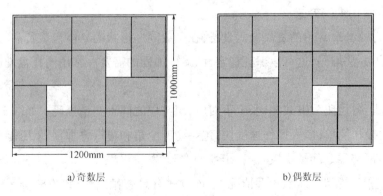

图 3-52 旋转交错式码放示意图

a.优点:相邻两层之间咬合交叉,托盘货品稳定性较高,不容易塌垛。

b.缺点:堆码难度大,中间形成空穴,降低托盘利用率。

④正反交错式:同一层中,不同列货品以90°垂直码放,相邻两层货物码放形式旋转180°。如图3-53所示。

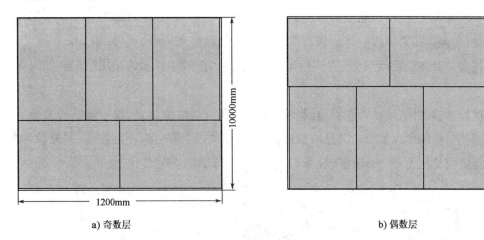

a) 奇数层　　　　　　　　　　　b) 偶数层

图3-53　正反交错式码放示意图

a.优点:该堆码方式不同层间咬合强度较高,相邻层次之间不重叠,稳定性较高。

b.缺点:操作较麻烦,人工操作速度慢。

(2)常见的托盘加固方式

托盘货品的加固是保证货物稳定,防止塌垛的重要技术方法,常见的托盘货物加固方法有如下10种。

①捆扎:用绳子、打包带等通过扎结、粘合、热融、加卡箍等方法垂直和对角捆扎货品,保证货品稳固。如图3-54a所示。

②网罩紧固:对金属配件加网罩紧固,防止形状不整齐货品倒塌,为了防水,可以在网罩下用防水层加以覆盖。

③加框架紧固:用木板、胶合板挡在托盘货品相对的两面或四面以至顶部,再用打包带或绳索紧固货品。如图3-54b所示。

④中间加摩擦材料紧固:用具有防滑性的纸板、纸片、软性塑料片或泡沫塑料等夹在各层货品之间,增加摩擦力,防止货品水平移动。如图3-54c所示。

⑤专用金属卡具加固:对于部分托盘货品,最上面如果可以插入金属夹卡,可用夹卡夹住相邻包装物,使每一层成为一个整体,防止个别货品分离滑落。如图3-54d所示。

⑥粘合加固:在每层之间贴上双面胶条,可将两层通过胶条粘合在一起,防止托盘货品从层间滑落。如图3-54e所示。

⑦胶带加固:托盘货品用单面不干胶粘捆,即使胶带部分损坏,由于全部贴于货品表面,也不会出现散捆。如图3-54f所示。

⑧平托盘周边垫高加固:将托盘四周略微垫高,托盘上货品会向中心相互依靠,在发生摇摆、振动时,可防止层间滑动错位和货垛外倾。如图3-54g所示

⑨收缩薄膜加固:将热缩塑料薄膜置于托盘货体之上,然后进行热缩处理,塑料薄膜收缩后,便将托盘货品紧固成一体。该方法不仅可以加固防止塌垛,还可以防水、防雨。有利于克服托盘货品不能露天放置、需要仓库的缺点,大大扩展了托盘的应用空间。如图3-54h所示。

⑩拉伸薄膜加固:用拉伸塑料薄膜将货品与托盘一起缠绕包裹,拉伸薄膜外力撤出后,收缩紧固托盘货体形成集合包装件。拉伸薄膜不能形成六面封体,不能防潮,另外拉伸薄膜比收缩薄膜捆缚能力差,只能用于轻量的集装包装。如图3-54i所示。

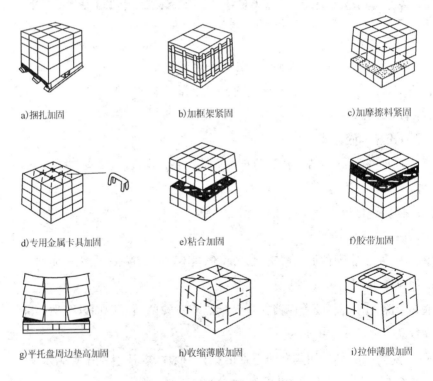

图3-54 托盘加固方式示意图

(3)卸货作业技术要领

卸货作业需要注意以下几点。

①卸货前检查外包装完整性,如检查货物封条、条码是否脱落、破损、纹理不清或存在凸凹、破裂现象。对外包装、封条或条码有问题的货品应拍照并记录下来,以便之后对责任的

认定。

②卸货过程中的正确操作:

a. 到货品按品名、规格分别堆放,以便验收。

b. 按照包装上的指示,按正确的方向轻取、轻放,防止包装和货品破损。

c. 对包装破损等异常的货品单独放置,以便辨认、处理。

d. 正确使用装卸设备、工具和安全防护用具,保证货品和人员的安全。

(4)收货作业人员岗位技能要求

①熟悉收货作业流程。

②熟练使用 WMS 或者 SAP 系统。

③熟悉掌握托盘堆码技术。

④熟悉使用 RF 终端收货操作技术,并能排除简单的操作故障。

⑤熟悉日常进出仓库货品的性能、特点。

⑥了解仓库设备如叉车、托盘、磅秤等的性能和安全操作规章。

(5)评价指标

卸货作业的评价指标涉及卸货时间、卸货误差率、卸货设备的使用等方面的一些指标。在日常的操作中,可以选取其中的部分指标作为参考。

$$卸货时间率 = \frac{每日卸货时间}{每日工作时间} \times 100\%$$

$$每人每小时卸货量 = \frac{卸货总量}{卸货人员数 \times 每日卸货小时数 \times 工作天数}$$

$$卸货数量误差率 = \frac{卸货误差量}{卸货总量} \times 100\%$$

$$单位商品投入卸货成本 = \frac{卸货投入成本}{卸货商品累计总件数}$$

$$设备能力利用率 = \frac{设备的实际装卸搬运量}{设备的额定装卸搬运量} \times 100\%$$

三、验收作业

1. 作业概述

货品经过卸车作业到达暂存区,收货员需要对其进行检查核对,确保所收货品数量正确,质量完好,这就是验收作业。

验收作业是根据验收依据和凭证,按照验收作业流程,利用一些测量、测试工具对到达货品的数量和质量进行审核和查收的经济技术活动。凡货品要进入仓库储存,必须经过检查验收,验收合格的货品才可入库。

2. 验收作业流程（图3-55）

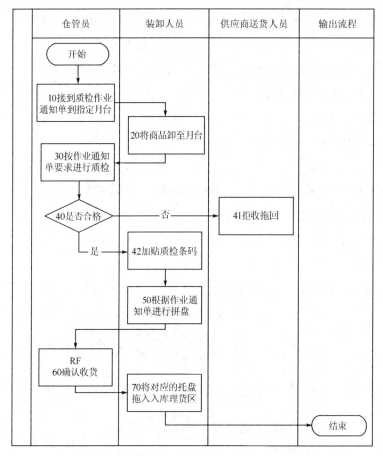

图3-55 验收作业流程

①仓管员接到《作业通知单》,通知单附有对该供应商商品的质检要求。

②卸货人员将商品卸货到月台。

③仓管员按《作业通知单》要求,对商品进行质检,并填写质检表。不合格的商品拒收;合格商品加贴已质检标签。

④装卸人员对检查合格的商品按《作业通知单》进行装卸拼盘。

⑤仓管员根据拼盘情况,对商品进行入库确认。

⑥装卸人员将托盘放入入库理货区。

3. 验收作业内容

（1）清点数量

对暂存区的各类货品清点数量,并与订货单或收货单核对。按照货品性质和包装状况有以下一些方法。

①记件法:以件为单位供应的货品,清点并记录货品件数。记件货品要查清全部货品,包括配套固定包装的小件货品,如带有附件和成套的机电设备需清查主件、部件、零件和工具等。

②检斤法:检斤是对按重量供应或以重量为计量单位的货品进行的检验,即重量验收。通常所说的货品重量都是指净重。

③检尺求积法:以体积为计量单位的货品(如木材、竹材、砂石等),先对其测量尺寸,然后求体积的一种数量验收方法。

④精度验收法:对精度要求很高的金属材料和仪器仪表的验收。精度验收法主要有仪器仪表精度验收和金属材料尺寸精度验收两类。

(2)抽样检验

抽样检验主要是针对货品质量进行检验。质量检验是货品验收的核心环节,对于外包装良好的货品,检验员按照一定比例,随机抽取货品进行检验,对于外包装有损坏的货品,理论上检验员都应该查看检验。为了提高质量检验的效果,检验员根据货品规格书进行验收,以此来衡量货品的质量,检验员根据货品规格书对不同的货品采用不同的检验方法,如化学分析法、尝试法、实验法等。

4. 验收作业中的工作要领

①验收作业需要在供应商代表在场的情况下进行。

②清点数量采用检斤法有以下一些需要特别注意的地方:

a. 金属材料、某些化工产品多半是检斤验收。

b. 按理论换算重量供应的货品,先要通过检尺,如金属材料中的板材、型材等,然后按规定的换算方法换算成重量验收。

c. 进口货品,原则上应全部检斤,但如果订货合同规定按理论换算重量交货,则按合同规定办理。

d. 所有检斤的货品都应填写"磅码单"。检斤时会出现磅差,磅差是由于不同地区的地心引力差异、磅秤精度差异、运输装卸过程中的损耗造成的重量差异。若磅差率超出允许的磅差范围,说明这批货品不合格,差额数应全额赔偿;若磅差率在允许的磅差范围内,说明这批货品合格,则按实际重量入库。

③检验货品外包装时,若发现外包装有变形、破损、受潮等现象时,应对问题货品拍照,并做详细记录,以便于对责任的认定。

④抽样检验货品时若发现某一类型的货品存在质量问题,应该对该类型的所有商品进行检验,对外包装不完好的货品也要全部进行检验。

四、入库上架作业

1. 作业概述

到达货品经过预收货、卸货和验收作业,对符合入库上架的货品进行入库上架作业。入库上架作业是进货入库的最后一个环节,是实现对货品保管的必需环节,该环节的作业主要包括:入库前准备工作,搬运到存储区域以及按照合适的方法将货品存储到事先腾出的储位。

2. 作业流程(图3-56)

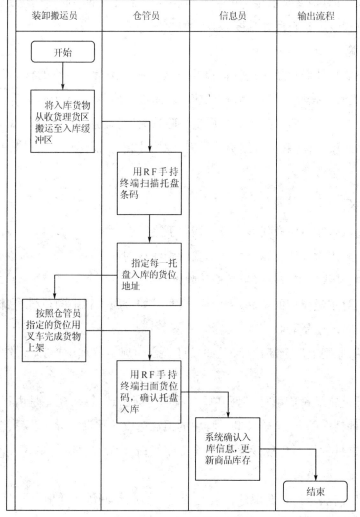

图3-56 入库上架作业流程

3．入库上架作业内容

（1）入库前检查

①检查货品包装、条码和封条是否完好无损。

②检查托盘条码是否粘贴正确。

（2）RF 终端货品核对

用 RF 终端扫描粘贴在托盘上的条码,根据 RF 终端提示的信息,核对货品的品名、数量、规格、条码号等信息。

（3）搬运到储位

根据 RF 终端提示的"建议货位"信息,或者根据货品属性和出货形式运用搬运设备将货品搬运到指定地点。

（4）货入储位

将货品放入指定存储货位,并用 RF 终端扫描货位条码。

（5）签入库单

签入库单,交核算人员入库确认,完成入库上架作业。

4．上架入库作业基本原则

①面向通道:为方便货品库内移动、存取,需将货品面向通道存放。

②分层堆放:为提高仓库利用率和保证作业安全,应尽量使用货架分层存放。

③先进先出:为防止货品长期存放而变质、损毁、老化,特别是感光材料、食品类,应先入库货品先出库。

④周转率对应:进出货频率高的货品应存放于靠近仓库进出口处。

⑤同一性:相同类型货品存放在相同或相邻位置。

⑥相似性:相似货品存放在相邻位置。

⑦重量对应:较重货品放在地面或货架底层,较轻货品放货架上层。

⑧形状对应:根据货品形状确定其存放位置和存放方法,标准化包装货品放货架,非标准形状货品对应其形态进行存放。

⑨明确表示:分区、货架、货位应清楚标示,以便作业人员找到货品位置,提高作业效率。

⑩合理的搬运活性:为减少作业时间和次数,提高仓库周转速度,根据货品作业要求合理选择货品搬运活性(货品的状态决定其搬运的灵活性,如堆地面、装箱捆扎或放置托盘等)。

⑪"五五堆放":以五或五的倍数在固定区域内堆放货品,使货品"五五成行,五五成方,

五五成包,五五成堆,五五成层",堆放横竖对齐,上下垂直,过目知数,流动后零头尾数要及时合并,方便货品的数量控制和清点盘存。

第三节 入库作业流程说明

1. 入库流程图(WMS 操作流程)(图3-57)

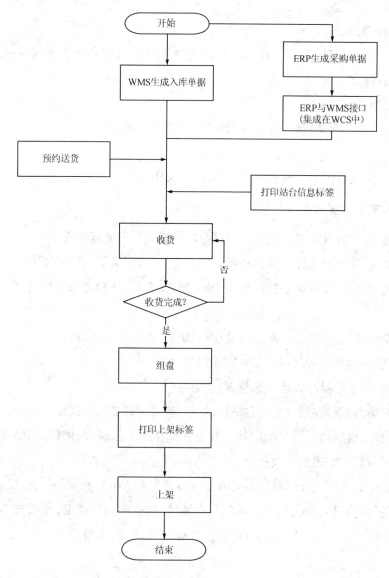

图3-57 入库流程图(WMS操作流程)

WMS 入库过程描述：

(1) 单据生成

入库单据可以在 WMS 内部生成，也可以由 ERP 中的采购单据通过 WCS 系统自动传送转化而来。

(2) 站台预约

生成入库单据以后，可以在供应商预约送货页面来预约送货站台和送货时间，供应商在指定的时间送货过来以后，可以打印站台信息标签进行分发，供应商根据站台信息标签送货到指定站台。预约送货功能不是必须项，可以根据实际情况进行操作。

(3) 收货

货到现场以后，收货检验员核对产品包装、规格、数量等信息，按实际合格的数量确认收货。

(4) 组盘

选择组盘单据，初次组盘的商品系统自动弹出码放规则设置页面，设置完码放规则，重新选择组盘单据，输入数量和载体号码，把组盘商品和载体进行绑定，完成组盘。

(5) 上架

打印上架标签，操作员根据上架标签的提示，把对应的载体(整件上架)或者载体内的商品(零货上架)上架到指定的货位或者库台(立体库)上。

2. 入库流程图（RF 操作流程）（图 3-58）

RF 入库过程描述：

(1) 单据生成

入库单据可以在 WMS 内部生成，也可以由 ERP 中的采购单据通过 WCS 系统自动传送转化而来。

(2) 站台预约

生成入库单据以后，可以在供应商预约送货页面来预约送货站台和送货时间，供应商在指定的时间送货过来以后，可以打印站台信息标签进行分发，供应商根据站台信息标签送货到指定站台。预约送货功能不是必须项，可以根据实际情况进行操作。

(3) 收货

货到现场以后，打印收货检验标签，操作员进入 RF 收货页面，扫描收货检验标签进行收货任务下载，核对产品包装、规格、数量等信息，按实际合格的数量确认收货。

(4) 组盘

收货完成以后,打印组盘标签,操作员进入 RF 组盘页面扫描组盘标签进行任务下载,对于初次组盘的商品系统会自动弹出码放规则设置页面,设置完码放规则,重新进行组盘任务下载,输入码盘数量,扫描载体号码,把组盘商品和载体进行绑定,完成组盘。

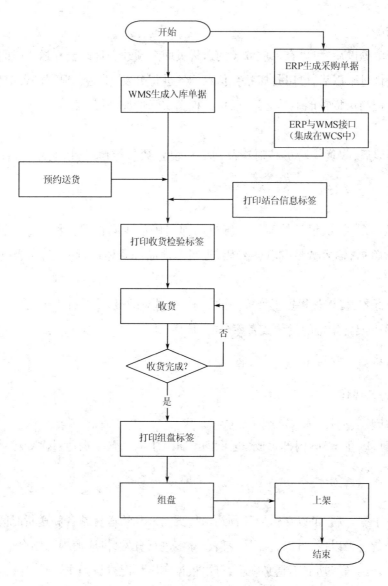

图 3-58　入库流程图(RF 操作流程)

(5)上架

操作员进入 RF 上架页面扫描组完盘的载体号码,操作员根据 RF 提示,把对应的载体(整件上架)或者载体内的商品(零货上架)上架到指定的货位或者库台(立体库)上。

复 习 题

一、单项选择题

1. 拣选出库效率的高低在很大程度上取决于（　　）的科学性与合理性。
   A. 上架　　　　　　　　　　B. 堆码
   C. 入库　　　　　　　　　　D. 组托

2. 下列不属于传统式货架的是（　　）。
   A. 层格式货架　　　　　　　B. 托盘货架
   C. 抽屉式货架　　　　　　　D. 橱柜式货架

3. 托盘式货架适用于（　　）的货物存储。
   A. 品种少、批量大　　　　　B. 品种少、批量小
   C. 品种中量、批量一般　　　D. 品种中量、批量大

4. 阁楼式货架主要用于存放储存期（　　）的中小件货物。
   A. 较短　　　　　　　　　　B. 较长
   C. 极短　　　　　　　　　　D. 极长

5. 重力式货架主要用于（　　）货物的存放或配送中心的拣选作业中。
   A. 小批量、多品种　　　　　B. 小批量、少品种
   C. 大批量、多品种　　　　　D. 大批量、少品种

6. 以下属于高速分拣设备的是（　　）。
   A. 滑块式分拣　　　　　　　B. 翻盘翻板式分拣
   C. 浮出式分拣　　　　　　　D. 挡板式分拣

7. DPS 是指（　　）。
   A. 播种式拣货系统　　　　　B. 摘取式拣货系统
   C. 订单拣取　　　　　　　　D. 批量拣取

8. 物动量 ABC 分类是以货物的（　　）为衡量标准。
   A. 订货成本　　　　　　　　B. 订货批量
   C. 库存占用资金　　　　　　D. 累计周转量

9. 科学合理的入库货位分配，可以提高配送中心（　　）效率，提高客户服务水平。
   A. 收货作业　　　　　　　　B. 拣选出库

C. 入库上架　　　　　　　　　　D. 装卸搬运

10. 托盘属于（　　）。

　　A. 成组搬运设备　　　　　　　B. 装卸堆垛设备

　　C. 计量设备　　　　　　　　　D. 搬运传输设备

11. 凡货品要进入配送中心仓库储存，必须经过（　　），合格的货品才可入库。

　　A. 检查验收　　　　　　　　　B. 清点数量

　　C. 粘贴条码　　　　　　　　　D. 签收单据

12. 货品经过收货、卸货和验收作业后，（　　）是进货作业的最后一个环节，是实现对货品保管的必须环节。

　　A. 堆码组托　　　　　　　　　B. 装卸搬运

　　C. 货位优化　　　　　　　　　D. 入库上架

13. 决定计划入库物品存储位置的关键因素是（　　）。

　　A. 包装规格　　　　　　　　　B. 货物数量

　　C. 库存 ABC 分类　　　　　　 D. 物动量 ABC 分类

14. 10m 高的货架属于（　　）。

　　A. 低层货架　　　　　　　　　B. 高层货架

　　C. 中层货架　　　　　　　　　D. 都不属于

15. 出库时受先进先出限制的货架是（　　）。

　　A. 重力式货架　　　　　　　　B. 驶入式货架

　　C. 驶出式货架　　　　　　　　D. 阁楼式货架

二、多项选择题

1. 货架的功能包括（　　）。

　　A. 货架是一种架式结构物，可充分利用仓库空间，提高库容利用率，扩大仓库储存能力

　　B. 存入货架中的货物，互不挤压，物资损耗小，可完整保证货物本身的功能，减少货物的损失

　　C. 货架中的货物，存取方便，便于清点及计量，可做到先进先出

　　D. 保证存储货物的质量，可以采取防潮、防尘、防盗、防破坏等措施，以提高物资存储质量

　　E. 很多新型货架的结构及功能有利于实现仓库的机械化及自动化

2. 下列属于按结构特点分类的货架是（　　）。

A. 层架 B. 层格架

C. 橱架 D. 抽屉架

E. 新型货架

3. 货架按载货方式可分为( )。

A. 悬臂式货架 B. 橱柜式货架

C. 棚板式货架 D. 搁板式货架

E. 阁楼式货架

4. 托盘按插入方式分为( )。

A. 单向插入型 B. 双向插入型

C. 四向插入型 D. 整体插入型

E. 双面使用型

5. 托盘式货架按存取通道宽度可分为( )。

A. 传统式通道 B. 窄道式通道

C. 宽道式通道 D. 超窄道式通道

E. 超宽道式通道

6. 叉车的特点及用途主要包括( )。

A. 机械化程度高 B. 不需要工人的辅助体力劳动

C. 机动灵活性好 D. 叉车外形尺寸小

E. 转弯半径小

7. 叉车按结构特点划分可分为( )。

A. 平衡重式 B. 侧叉式

C. 前移式 D. 插腿式

E. 拣选式

8. 配送中心验收作业内容包括( )。

A. 清点数量 B. 粘贴条码

C. 抽样检验 D. 检查包装

E. 入库上架

9. 入库上架作业内容包括( )。

A. 入库前检查 B. 货品核对

C. 搬运到储位 D. 货入储位

E. 签入库单

10. 在确定货位及托盘占用量时所应考虑的因素包括( )。

　　A. 计划入库的物品种类及包装规格

　　B. 货架货位的设计规格

　　C. 所需托盘规格

　　D. 叉车作业空间预留

　　E. 作业人员的熟练程度与技巧

三、判断题

1. 中层货架高度在 5～15m。　　　　　　　　　　　　　　　　　　　　　　　　(　　)
2. 驶入式货架能够保证货物的先进先出。　　　　　　　　　　　　　　　　　　　(　　)
3. 高物动量的物品，在库时间一般较长，所以高物动量的物品应放置在离主通道或库门较远的地方。　　　　　　　　　　　　　　　　　　　　　　　　　　　　　　　(　　)
4. 拣选出库效率是衡量配送中心工作效率的重要指标，同时直接影响着客户订货提前期的长短。　　　　　　　　　　　　　　　　　　　　　　　　　　　　　　　(　　)
5. 决定计划入库物品的存储位置的关键因素是物动量分类的结果。　　　　　　　(　　)
6. 货品经过卸车作业到达暂存区，收货员需要对其进行检查核对，确保所收货品数量正确，质量完好，这就是验收作业。　　　　　　　　　　　　　　　　　　　　　(　　)
7. 重叠式堆码不同层间咬合强度较高，相邻层次之间不重叠，稳定性较高。　　(　　)
8. 以体积为计量单位的货品通常使用检斤法进行数量验收。　　　　　　　　　　(　　)
9. 入库上架作业是进货入库的最后一个环节，是实现对货品保管的必需环节。　(　　)
10. 滑块式分拣是一种低速分拣设备。　　　　　　　　　　　　　　　　　　　　(　　)

单元四
配送作业技术与精益化管理

【知识目标】

1. 理解客户订货提前期及其构成；
2. 掌握客户订单有效性分析的方法；
3. 掌握客户优先权等级划分的方法；
4. 理解摘果式和播种式的定义和工作原理；
5. 理解流通加工的定义和方式；
6. 理解包装的定义及在配送环节中的包装类型；
7. 掌握节约法原理及应用；
8. 理解配装配载的定义与区别；
9. 理解补货的定义和补货时机；
10. 熟悉出库作业流程。

【能力目标】

1. 能够利用客户订货提前期分析客户服务水平；
2. 能够较好地完成客户订单处理；
3. 能够设计制作摘果式拣选单和播种式拣选单；
4. 能够组织完成摘果式拣选作业和播种式拣选作业；
5. 能够熟练操作 WMS 和 RF 手持完成拣选出库和补货作业；
6. 能够操作包装工具完成简单包装作业；
7. 能够熟练应用节约法进行配送路线设计；
8. 能够熟练阐述拣选出库基本作业流程。

配送中心通过采购、入库等集货手段完成货品组织的目的是满足客户或连锁店铺的需求，客户或连锁店铺以订单作为需求的载体传递给配送中心，配送中心对所收到的订单进行处理,并及时按照订单的需求以科学合理的方式进行拣选理货、配载装车,将客户或连锁店铺需求的货品配送至指定地点。

客户的订货提前期是衡量配送中心作业效率和服务水平的重要指标之一。客户订货提前期是指客户发出订单时间点至所订货品验收入库时间点之间的时间间隔期。客户订货提前期具体包括以下4段时间:

订单传递时间:即从客户发出订单到配送中心收到订单的时间间隔。如果采用纸质订单,则传递时间较长,且不稳定。现在多采用电子订单模式,传递在瞬间完成,传递时间可以忽略不计。

订单处理时间:即订单的审核、处理、排队的时间。订单处理时间长短取决于配送中心信息化建设的水平,信息化程度高则时间短,反之,则长。

订单准备时间:即根据订单需求进行的拣选理货、配装上车的时间。订单准备时间长短受配送中心整体布局、货位优化程度、现代拣选技术和手段的应用以及拣选作业组织等因素的影响。这些影响因素恰是本单元重点内容。

送货运输时间:即配送车辆发车至客户收货入库的时间间隔。送货运输时间长短受配送中心选址、路线优化设计以及运输方式的选取等因素的影响。

第一节 客户订单处理与拣选单编制

客户订单是配送中心开展配送业务的依据,配送中心接到客户订单以后需要对订单加以处理,据以安排分拣、补货、配货、送货等作业环节。配送活动是以客户发出的订货信息作为驱动源,在配送活动开始前,配送中心根据订单信息,对客户的分布、所订商品的品名、商品特性和订货数量、送货频率和要求等资料进行汇总和分析,以此确定所要配送的货物种类、规格、数量和配送时间,最后由调度部门发出配送信息(如拣货单、出货单)。订单处理是调度、组织配送活动的前提和依据,是其他各项作业的基础。

一、客户订单审核与处理

订单内容是客户向配送中心下达的具体作业指令,订单内容的完整性和有效性是配送中心向客户提供货品和服务的具体依据。

1. 货物品种、数量、日期的审核

接受订单后就需对货物数量及日期进行确认。货物数量及日期的确认是对订货资料项目的基本检查,即检查品名、数量、送货日期等是否有遗漏、笔误或不符合公司要求的情形。

尤其当送货时间有问题或出货时间已延迟时,更需与客户再次确认订单内容或更正运送时间。同样,采用电子订货方式接单,也应对接收的订货资料进行确认。

2. 客户信用审核

不论是何种订单,接受订单后都要查核客户的财务状况,以确定其是否有能力支付该订单的账款,以确定订单的有效性(客户是配送中心母公司的情况除外)。其做法多是检查客户的应收账款是否已超过其信用额度。具体可采取以下两种途径来核查客户信用的状况。

(1)输入客户代码或客户名称

当输入客户代码或名称资料后,系统即加以检核客户的信用状况,若客户应收账款已超过其信用额度,系统加以警示,以便输入人员决定是继续输入其订货资料还是拒绝其订单。

客户资料

某客户信用额度:12万元。应收账款:11.99万元。

处理方法

为确保配送中心的财务风险,则此订单可视为无效订单。

---

(2)输入订购项目资料

当输入客户订购项目资料后,客户此次的订购金额加上以前累计的应收账款超过信用额度,系统应将此订单资料锁定,以便主管审核。审核通过后,此订单资料才能进入下一个处理步骤。

客户资料

某客户信用额度:12万元。应收账款:5.5万元。

订单内容

订货金额:3.6万元。

处理方法

5.5万元+3.6万元=9.1万元≤12万元;则订单有效。

---

3. 订单形态审核

在接受订货业务上,表现为具有多种订单的交易形态,配送中心应对不同的订单形态采取不同的交易及处理方式。

(1)一般交易订单

一般的交易订单就是接单后按正常的作业程序进行拣货、出货、发送、收款的订单。接

到一般交易订单后,将资料输入订单处理系统,按正常的订单处理程序进行处理,资料处理完后进行拣货、出货、发送、收款等作业。

(2)现销式交易订单

现销式交易订单就是与客户当场交易,直接给货的交易订单。这种订单在输入资料前就已把货物交给了客户,故订单资料不再参与拣货、出货、发送等作业,只需记录交易资料即可。

(3)间接交易订单

间接交易订单就是客户向配送中心订货,直接由供应商配送给客户的交易订单。接到间接交易订单后,可将客户的出货资料传给供应商由其代配。此方式需注意的是客户的送货单是自行制作或委托供应商制作的,故应对出货资料加以核对确认。

(4)合约式交易订单

合约式交易订单就是与客户签订配送合约的交易订单。处理合约式交易订单,应在约定的送货期间,将配送资料输入系统处理以便出货配送;或一开始便输入合约内容的订货资料并设定各批次送货时间,以便在约定日期系统自动产生所需的订单资料。

(5)寄库式交易订单

寄库式交易订单是客户因促销、降价等市场因素先行订购一定数量的商品,往后视需要再要求出货的交易订单。处理寄库式交易订单时,系统应检核客户是否确实有此项寄库商品。若有,则出此项商品,否则,应加以拒绝。

4. 订货价格审核

不同的客户、不同的订购量,可能有不同的价格,输入价格时系统应加以检核。若输入的价格不符(输入错误或因业务员降价强接单等),系统应加以锁定,以便主管审核。

5. 加工包装要求审核

客户对于订购的商品,是否有特殊的包装、分装或贴标等要求,或是有关赠品的包装等资料都要详细确认记录。

6. 设定订单号码

每一订单都要有其单独的订单号码,此号码由控制单位或成本单位指定,除了便于计算成本外,可用于制造、配送等一切有关工作,且所有工作说明单及进度报告均应附此号码。

7. 建立客户档案

配送中心必须为新客户建立客户档案,以便于客户管理和为客户提供完善的服务。客户档案应包括如下内容：

①客户名称、代码、等级形态。

②客户信用额度。

③客户销售付款及折扣率的条件。

④开发或负责此客户的业务员。

⑤客户配送区域。

⑥客户收货地址。

⑦客户点配送路径顺序。

⑧客户点适合的送货车辆形态。

⑨客户点卸货特性。

⑩客户配送要求。

⑪延迟订单的处理方式或办法。

⑫客户满意度和忠诚度

二、库存分配与客户优先权的确定

客户订单处理工作完成后的工作是核对库存信息，即客户需求数量与库存数量进行对比，检查客户所订购的商品是否缺货，如果缺货则提供商品资料；如果缺货商品已采购但未入库，则尽快入库。这些便于接单人员与客户协调是否改订替代品或允许采取推迟出货等权宜办法，以提高人员的接单率及接单处理效率。

订单资料输入系统确认无误后，最主要的处理作业在于如何将大量的订货资料，作最有效的汇总分类、调拨库存，以便后续的物流作业能有效地进行。存货的分配模式可分为单一订单分配和批次分配两种。

1. 单一订单分配

此种情形多采用在线即时分配，也就是在输入订单资料时，就将存货分配给该订单。

2. 批次分配

累积汇总数笔已输入订单资料后，再一次分配库存。配送中心因订单数量多、客户类型等级多，且多为每天固定配送次数，因此通常采用批次分配以确保库存能作最佳的分配。采用批次分配时，需注意订单的分批原则，即批次的划分方法。随着作业的不同，各配送中心的分批原则也可能不同，总的来说有下面几种方法：

①按接单时序。接单时段划分成几个区段。

②按配送区域路径。将同一区域路段的订单汇总处理。

③按流通加工要求等划分。

④按车辆需求。如果配送商品要用特殊的配送车辆(如低温车、冷冻车、冷藏车)或客户所在地、订货有特殊要求,这时可以汇总合并处理。

但是,以批次分配选定参与分配的订单后,若这些订单的某商品总出货量大于可分配的库存量,可依以下五原则来决定客户订购的优先性:

①具有特殊优先权者先分配,如母公司。

②根据订单交易量或交易金额来取舍,将对公司贡献度大的订单作优先处理。

③按客户等级来取舍,即按照客户重要性程度作优先处理。

④根据客户信用状况,将信用较好的客户订单作优先处理。

⑤按客户忠诚度确定,忠诚度越高优先权越高。

也可综合考虑订单交易金额、客户信用状况、客户等级、忠诚度、满意度等因素,利用打分法和加权算数平均法对客户优先权进行排序,按照客户优先权顺序逐次分配库存。

三、分配后存货不足的处理

若现有存货数量无法满足客户需求,客户又不愿以替代品替代时,则应按照客户意愿与公司政策来决定应对方式。其处理方式大致有如下几种:

1. 重新调拨

若客户不允许过期交货,而公司也不愿失去此客户订单时,则有必要重新调拨分配订单。

2. 补送

若客户允许不足额的订货可等待有货时再予以补送,且公司政策也允许,则采用补送方式。若客户允许不足额的订货或整张订单留待下一次订单一起配送,则亦采用补送处理。

3. 删除不足额订单

若客户允许不足额订单可等待有货时再予以补送,但公司政策并不希望分批出货,则只好删除订单上不足额的订单。若客户不允许过期交货,且公司也无法重新调拨,则可考虑删除订单上不足额订单。

4. 延迟交货

(1)有时限延迟交货

即客户允许一段时间的过期交货、且希望所有订单一起配送。

(2)无时限延迟交货

即不论需要等多久,客户都允许过期交货,且希望所有订货一起送达,则等待所有订货到达再出货。对于这种将整张订单延后配送的,也应将这些顺延的订单记录归档。

5. 取消订单

若客户希望所有订单一起配送,且不允许过期交货,而公司也无法重新调拨时,则只有将整张订单取消。

四、订单资料处理输出

订单资料经由上述处理后,即可开始打印一些出货单据,以展开后续的物流作业。

1. 拣货单(出库单)

拣货单据的产生,在于提供商品出库指示资料,作为拣货的依据。拣货资料的形式应配合配送中心的拣货策略及拣货作业方式加以设计,以提供详细且有效率的拣货信息,便于拣货的进行。

拣货单的打印应考虑商品货位,依据货位前后相关顺序打印,以减少人员重复往返取货,同时拣货数量、单位也要详细确认标示。

2. 送货单

物品交货配送时,通常需附上送货单据给客户清点签收。因为送货单主要是给客户签收、确认出货资料,其正确性及明确性很重要。要确保送货单上的资料与实际送货相符,除了出货前的清点外,出货单据的打印时间及修改也需注意。

3. 缺货资料

库存分配后,对于缺货的商品或缺货的订单资料,系统应提供查询或报表打印功能,以便工作人员处理。

库存缺货商品。提供依商品别或供应商别查询的缺货商品资料,以提醒采购人员紧急采购。

缺货订单。提供依客户别或业务员别查询的缺货订单资料,以便业务人员处理。

五、拣选作业与拣选作业方式

1. 拣选作业

(1)拣货作业的意义

拣货作业是依据客户的订货要求或配送中心的送货计划,迅速、准确地将商品从其储位或其他区域拣取出来,并按一定的方式进行分类、集中,等待配装送货的作业过程。在配送

作业的各环节中,拣货作业是非常重要的一环,它是整个配送中心作业系统的核心工序。

每份客户订单中都至少包含一项以上的物品,如何将这些不同种类数量的物品由配送中心取出集中在一起,拣货作业的目的就是正确而迅速地集合客户所订购的物品。拣货作业在配送中心作业流程里扮演着重要的角色。

从成本分析的角度来看,物流成本约占物品最终售价的20%～30%,其中包括配送、搬运、储存等成本,而拣货成本占物流搬运成本的绝大部分。若要降低物流搬运成本,拣货作业成本的降低显得更为重要。

从人力需求的角度来看,目前大多数的配送中心仍具有劳动力密集型的特点,其中与拣货作业直接相关的人力占50%以上,且拣货作业的时间投入也占整个配送中心的30%～40%。由此可见,规划合理的拣货作业方法,对日后配送中心的运作效率具有决定性的影响。

(2)拣货单位

拣货单位分成托盘、箱及单品三种。一般来说,以托盘为拣货单位的体积及重量最大,其次为箱,最小单位为单品。为了能作出明确的判断,进一步划分如下:

①单品:拣货的最小单位,单品可由箱中取出,由人工单手进行拣货。

②箱:由单品所组成,可由托盘上取出,通常需要双手拣取。

③托盘:由箱叠放而成,无法由人手直接搬运,需借助堆垛机、叉车或搬运车等机械设备。

④特殊品:体积大、形状特殊,无法按托盘、箱归类,或必须在特殊条件下作业的物品。如大型家具、冷冻货品等。拣货系统的设计将严格受其限制。

拣货单位是根据订单分析出来的结果而作决定的,如果订货的最小单位是箱,则不需要以单品为拣货单位。库存的每一品项都需作以上分析,以判断出拣货的单位,但一些品项可能因为需要而有两种以上的拣货单位,在设计上要针对每一种情况进行分区考虑。

小贴士

单品:英文缩写为SKU,即Store Keeping Unit,翻译为"最小可管理单位",简称"单品"。其是物流管理领域的专有名词,与商品的概念完全不同,例如香烟可以以箱、条或者包为包装单位流通,然而无论其以何种包装单位流通都可以称之为"商品",但是只有以"包"为单位的才能称之为"单品"。

(3)拣选作业过程

分拣作业是配送中心作业的核心环节。从实际运作过程来看,分拣作业是在拣货信息的指导下,通过行走和搬运拣取货物,再按一定的方式将货物分类、集中,因此,分拣作业的主要过程包括四个环节,如图4-1所示。

图4-1 拣选作业流程图

①拣货信息的产生。拣货作业必须在拣货信息的指导下才能完成。拣货信息来源于顾客的订单或配送中心的送货单,因此,有些配送中心直接利用顾客的订单或配送中心的送货单作为人工拣货指示,即拣货作业人员直接凭订单或送货单拣取货物。这种信息传递方式无法准确标示所拣货物的储位,使拣货人员延长寻找货物时间和拣货行走路径。在国外大多数配送中心一般先将订单等原始拣货信息经过处理后,转换成"拣货单"或电子拣货信号,指导拣货人员或自动拣取设备进行拣货作业,以提高作业效率和作业准确性。

②行走和搬运。拣货时,拣货作业人员或机器必须直接接触并拿取货物,因此形成拣货过程中的行走与货物的搬运,缩短行走和货物搬运距离是提高配送中心作业效率的关键。拣货人员可以步行或搭乘运载工具到达货物储存的位置,也可以由自动储存分拣系统完成。

③拣取。无论是人工还是机械拣取货物,都必须首先确认被拣货物的品名、规格、数量等内容是否与拣货信息传递的指示一致。这种确认既可以通过人工目视读取信息,也可以利用无线传输终端机读取条码由电脑进行对比,后一种方式往往可以大幅度降低拣货的错误率。拣货信息被确认后,拣取的过程可以由人工或自动化设备完成。通常小体积、少批量、搬运重量在人力范围内且出货频率不是特别高时,可以采取手工方式拣取;对于体积大、重量大的货物可以利用升降叉车等搬运机械辅助作业;对于出货频率很高的可以采用自动分拣系统。

④分类与集中。配送中心在收到多个客户的订单后,可以形成批量拣取,然后再根据不同的客户或送货路线分类集中,有些需要进行流通加工的商品还需根据加工方法进行分类,加工完毕再按一定方式分类出货。多品种分货的工艺过程较复杂,难度也大,容易发生错误,必须在统筹安排形成规模效应的基础上,提高作业的精确性。在物品体积小、重量轻的情况下,可以采取人力分货,也可以采取机械辅助作业,或利用自动分货机自动将拣取出来的货物进行分类与集中。分类完成后,货物经过查对、包装便可以出货、装运、送货了。

从分拣作业的四个基本过程我们可以看出,整个分拣作业所消耗的时间主要包括以下四部分:

a. 订单或送货单经过信息处理过程,形成拣货指示的时间。

b. 行走与搬运货物的时间。

c. 准确找到货物的储位并确认所拣货物及其数量的时间。

d. 拣取完毕,将货物分类集中的时间。

因此,提高分拣作业效率,主要应缩短以上四个作业时间,以提高作业速度与作业能力。此外,防止分拣错误的发生,提高配送中心内部储存管理账物相符率、顾客满意度以及降低作业成本也是分拣作业管理的目标。

2. 拣选作业方式

(1)按单拣选——摘果式拣选作业

摘果式拣选作业(图4-2)又称作"拣取式"、"按单分拣"或"人到货前式"拣取作业。流程:针对每一份订单,分拣人员按照订单所列商品及数量,将商品从储存区域或分拣区域拣取出来,然后集中在一起。储物货位相对固定,而拣选人员或工具相对运动。一般是一次只为一个客户进行配货作业;在搬运车容积许可而且配送商品不太复杂的情况下,也可以同时为两个以上的客户配货。

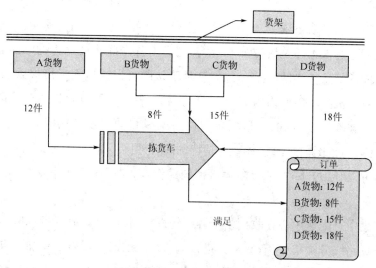

图4-2 摘果式拣选示意图

①摘果式拣选作业的特点:

a. 可按照客户要求的时间确定配货的先后顺序。

b. 按单拣选作业方法简单,接到订单可立即拣货,作业前置时间短。

c. 作业人员责任明确。

d. 商品品项较多时,拣货行走路径加长,拣取效率较低。

e. 各用户的拣选不互相牵制,可以根据用户的要求调整拣选的先后次序,集中力量优先完成某一用户的配货任务。

f. 拣选完一个货单,一个用户的货物便配齐,可以不再落地,直接装车送货。

g. 对机械化、自动化没有严格要求。

h. 用户数量不受工艺限制,可以在很大范围内波动。

②摘果式拣选作业的应用范围:

a. 储存的商品不易移动。

b. 每一个客户需要的商品品种较多,而每种商品的数量较小。

c. 按单拣选适合订单大小差异较大,订单数量变化频繁,商品差异较大的情况,如化妆品、家具、电器、百货、高级服饰等。

d. 不能建立相对稳定的用户分货货位的情况。

e. 用户之间共同需求差异较大的情况。

f. 用户配送时间要求不一的情况。

g. 传统的仓库改造为配送中心,或新建的配送中心初期运营时。

③摘果式拣选作业的作业形式:

a. 人工拣选。由人一次巡回或分段巡回于各货架之间,按订单拣货,直至配齐。

b. 人工+手工作业车拣选。分拣作业人员推着手推车一次巡回或分散巡回于货架之间,按订单进行拣货,直到配齐。它与人工拣选基本相同,区别在于借助半机械化的手推车作业。

c. 机动作业车拣选。分拣作业人员乘车辆或台车为一个用户或多个用户拣选,在拣选过程中就进行货物装箱或装托盘的处理。

d. 传动运输带拣选。分拣作业人员只在附近几个货位进行拣选作业,传送带不停地运转;分拣作业人员按照电子标签的指令将货物取出放在传送带上,放入传送运输带上的容器内。传送运输带转到末端时把货物卸下来,放在已划好的货位上,待装车发货。每个作业人员仅负责几种货物的拣选。

e. 拣选机械拣选。自动分拣机或由人操作的叉车、分拣台车巡回于高层货架间进行拣选,或者在高层重力式货架一端进行拣选。这种方式可以人随机械或车操作,也可以通过计算机控制使拣选机械自动寻址,自动取货。其适用于重量和体积都较大且易形成集装单元的货物的拣选。

f. 回转式货架拣选。分拣作业人员固定在拣货的位置,按用户的订单操纵回转货架作业。适用于拣选作业区域窄小的情况。

(2)批量拣选——播种式拣选作业

播种式拣选作业（图4-3）又称为"分货式"、"批量分拣"拣选作业。流程：播种式类似于田野中的播种操作、将多张订单集合成一批，先将配送数量较多的同种商品从储存货位取出，集中搬运到发货区，然后组配机械在各个客户的发货位间移动，并依次将各个客户需要的该类商品按照要求的数量分出来。这样，每巡回一次，就将某一种商品分到若干个需要该类商品的客户发货位上。如此反复，直到将每个客户需要的各种商品都配齐，就完成了一次配货作业任务。用户货位固定，分货人员和工具相对运动。

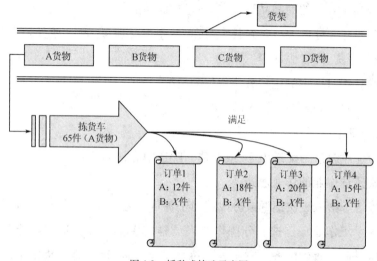

图4-3　播种式拣选示意图

①播种式拣选作业的特点：

a.批量拣取可以缩短拣取商品时的行走时间，增加单位时间的拣货量。

b.由于需要订单累计到一定数量时，才做一次性的处理，因此，会有停滞时间产生。

c.集中取出众多用户需要的货物，再将货物分放到事先规划好的用户货位上。

d.这种工艺计划性较强，若干用户的需求集中后才开始分货，直到最后一种共同需要的货物分放完毕。

②播种式拣选作业的应用范围：

a.客户需要的商品种类较少、每种商品的需要量不大。

b.批量拣取适合订单变化较小，订单数量稳定的配送中心和外型较规则、固定的商品出货。

c.需进行流通加工的商品也适合批量拣取，再批量进行加工，然后分类配送，有利于提高拣货及加工效率。

d.用户稳定，且用户数量较多的情况。

e.各用户需求具有很强的共同性，差异较小，在需求数量上有一定的差异，但需求的种类差异很小。

f. 所有货物分放完毕后,需要对每个用户的货物进行统计,因此适用于用户需求种类有限,易于统计和分货时间不太长的情况。

g. 用户配送时间要求没有严格限制或轻重缓急的情况。

③播种式拣选作业的作业方式:

a. 人工分货。如药品、仪表、小型零部件、小百货及邮政信件等体积较小、重量较轻的货物。

b. 人工+手推作业车分货。适合于一般小包装的货物分拣。

c. 机动作业车分拣。

d. 传动运输带+人工分拣。

e. 分货机自动分货。

f. 回转货架分货。

六、制定拣选策略的依据——EIQ 分析

确定分拣方式是保证快速、准确地分拣出客户所需要物品的关键,在规划设计拣选作业之前,必须先确定拣选作业的基本模式。即在配送中心进行拣选作业之前必须明确是按单拣选还是批量拣选。

订单资料中的 E(Entry,订单件数、订购次数)、I(Item,货品的种类、品项、单品)、Q(Quantity,数量、库存量)是物流特性的关键因子。"EIQ"分析就是利用"E"、"I"、"Q"这三个物流关键因子,依据企业自身实际发生的订单销售资料,通过分析"E"、"I"、"Q"这三个物流关键因子之间的关联关系,研究配送中心特性,选择最适当的物流作业方式、设备使用、设施布置。具体的分析形势如下:

①订单量分析(EQ):配送中心在单位时间(天)内收到的订单数量。收到的订单数量的多少对拣选方式的选择有着至关重要的影响,收到的订单数量少,规模效益不明显。

②单张订单出货数量的分析。主要可了解单张订单订购量的分布情形,可用于决定订单处理的原则、拣货系统的规划,并将影响出货方式及出货区的规划。

③订货品种数分析(EN):单张订单出货品项数的分析。主要了解订单订购品项数的分布,对于订单处理的原则及拣货系统的规划有很大的影响,并将影响出货方式及出货区的规划。

④品种数量分析(IQ):每张订单出货品种数量的分析。主要了解各类货物出货量的分布状况,分析货物的重要程度与运量规模。可用于仓储系统的规划选用、储位空间的估算,并将影响拣货方式及拣货区的规划。

⑤品项受订次数分析(IK):每一品项出货次数的分析。主要分析各类货物出货次数的分布,对于了解货物的出货频率有很大的帮助,可配合品种数量分析决定仓储与拣货系统的选择。

(1)按出货品项数的多少及货品周转率的高低,确定合适的分拣作业方式。

配合 EIQ 分析的结果(表4-1),按当日 EN(订单品相数)及 IK 值(订单受订次数)的分布判断出货品项数的多少和货品周转率的高低,确定不同作业方式的区间。

分拣方式选定对照表　　　　　　　　　　　　　　　　　表4-1

EN 值 \ IK 值		货品重复订购频率		
		高	中	低
出货品项数	多	S + B	S	S
	中	B	B	S
	少	B	B	B + S

注:S 表示按单拣选;B 表示批量拣选。

其原理是:EN 值越大表示一张订单所订购的货品品项数越多,货品的种类越多越杂时,批量分拣时分类作业越复杂,采取按单拣选较好。相对地,IK 值越大,表示某品项的重复订购频率越高,货品的周转率越高,此时采取批量分拣可以大幅度提高拣选效率。

(2)按表4-2所列项目进行考核,决定采用何种拣选作业方式。

EIQ 组合要素分析　　　　　　　　　　　　　　　　表4-2

分析方法 \ 等级编号	EIQ组合要素分析			
	EQ	EN	IQ	IK
A				
B				
C				

表4-2 中第一项为每日的订单数,主要考虑的因素是行走往复所花费的时间;第二项是一天订单的品项数,考虑的是寻找货品货位的时间;第三项是一张订单中的每一品项的数量,考虑的是抓取货品所用的时间;第四项是每一品项的订单件数,考虑的是同一品项重复被分拣所花的时间。

所以,采用何种分拣方式,主要看该拣选方式效率的高低,也就是何种拣选方式所耗费的总时间最短,且避免不必要的重复行走时间。

表4-2 中从左至右可以有多种组合形式,如 A – C – C – A,表示的是每日的订单数很多,而订单的品项数却很少,且一张订单的每一品项数量也很少,但不断地被重复订购,所以可以

将每一品项数加总合计,采取批量分拣,以减少重复行走分拣同一品项所消耗的时间。但也要考虑分拣完后的分类集中作业的效率问题。在 C－A－A－C 形式中每天的订单数很少,但一天订单的品项数很多又不重复,且每一张订单的品项数也很少,此时适合采用单个订单方式分拣。

七、拣选单编制与生成

拣选单是订单处理的最重要的输出资料,是拣选作业的指令性文件。无论是按单拣选还是批量拣选都要借助科学合理的拣选单来实现。

拣选单作为拣选作业的依据,其内容主要包括:品名、货位地址、数量、月台号以及拣选单位、时间、客户、拣选人、复核人、单号等,其中品名、货位地址、数量、月台号是最核心的内容。

拣选单对拣选作业人员的指示:

❖ 拿什么——品名

❖ 去哪拿——货位地址

❖ 拿多少——捡取数量

❖ 放到哪——月台号

拣选作业的依据是拣选单,而按单拣选和批量拣选的作业方式具有较大的不同,因而按单拣选和批量拣选所依据的拣选单也是完全不同的。

1. 按单拣选的拣选单

按单拣选的拣选单即摘果式拣选单(表4-3),其内容和格式特点是:

❖ 1 个月台号——N 个货位地址(储位号码)

摘 果 式 拣 选 单　　　　　　　　　　　　　　　　表 4-3

拣货单编号	JX06120301		用户订单编号		DD061201
用户名称	鑫源工贸有限公司				
出货日期:2012年12月4日			储货月台		1
拣货日期:2012年12月3日			拣货人:		刘立强
核查时间			核查人:		李俊

序号	储位号码	商品名称	拣货单位			数量	备注
			箱	整托盘	单件		
1	02-07-B01-07	雪峰纸杯			√	3	
2	02-07-A02-01	足上秀时尚少女袜			√	5	
3	02-07-D01-01	五羊牌金标蚝油	√			1	
4	02-07-C02-04	上好佳	√			1	
5	02-07-C02-01	利民番茄酱	√			2	

如果配送中心实施严格的分区分类存储,按区拣选专人负责,同时也为提高拣选效率,摘果式拣选可以按区分类进行,多人同时完成一张订单(一个客户)的订货需求,则上述订单可分割成如下形式:

(1)B区拣选单,拣选员刘立强,集货月台1号(表4-4)。

分区分类拣选单一 表4-4

拣货单编号	JX06120301		用户订单编号		DD061201	
用户名称	鑫源工贸有限公司					
出货日期:2012年12月4日			储货月台		1	
拣货日期:2012年12月3日			拣货人:		刘立强	
核查时间			核查人:		李俊	
序号	储位号码	商品名称	拣货单位		数量	备注
			箱	整托盘	单件		
1	02-07-B01-07	雪峰纸杯			√	3	

(2)A区拣选单,拣选员彦斌,集货月台1号(表4-5)。

分区分类拣选单二 表4-5

拣货单编号	JX06120302		用户订单编号		DD061201	
用户名称	鑫源工贸有限公司					
出货日期:2012年12月4日			储货月台		1	
拣货日期:2012年12月3日			拣货人:		彦斌	
核查时间			核查人:		李俊	
序号	储位号码	商品名称	拣货单位		数量	备注
			箱	整托盘	单件		
1	02-07-A02-01	足上秀时尚少女袜			√	5	

(3)D区拣选单,拣选员王非,集货月台1号(表4-6)。

分区分类拣选单三 表4-6

拣货单编号	JX06120303		用户订单编号		DD061201	
用户名称	鑫源工贸有限公司					
出货日期:2012年12月4日			储货月台		1	
拣货日期:2013年12月3日			拣货人:		王非	
核查时间			核查人:		李俊	
序号	储位号码	商品名称	包装单位		数量	备注
			箱	整托盘	单件		
1	02-07-D01-01	五羊牌金标蚝油	√			1	

(4)C区拣选单,拣选员孙陆,集货月台1号(表4-7)。

分区分类拣选单四　　　　　　　　　　　　表4-7

拣货单编号	JX06120304		用户订单编号		DD061201	
用户名称	鑫源工贸有限公司					
出货日期:2006年12月4日				储货月台	1	
拣货日期:2006年12月3日				拣货人:	孙陆	
核查时间				核查人:	李俊	
序号	储位号码	商品名称	包装单位		数量	备注
			箱	整托盘	单件	
1	02-07-C02-04	上好佳	√			1
2	02-07-C02-01	利民番茄酱	√			2

四名拣选员可同时在A、B、C、D四区进行拣选作业,因为是平行作业,拣选时间可以得到有效地压缩,提高客户服务水平。

2. 批量拣选的拣选单

批量拣选的拣选单即播种式拣选单(表4-8),其内容和格式特点是:

❖1个货位地址——N个月台号

播种式拣选单　　　　　　　　　　　　表4-8

拣货单号	JX06120301					出货货位		
商品名称	彩色工字钉							
生产厂家	大得文具厂					02-03-01-03B		
拣货日期	2012年12月3日				拣货人	王芳		
核查日期	2012年12月3日				核查人	李艳		
序号	订单编号	用户名称	包装单位			数量	储货月台	备注
			整托盘	箱	单件			
1	DD120301	鑫源工贸有限公司			√	5	1	
2	DD120302	鑫景超市集团公司			√	10	2	
3	DD120303	鑫晟商业集团公司			√	15	3	
4	合计					30		

第二节　拣选作业组织

拣货作业组织的优劣是影响拣货效率的重要因素,在决定拣货作业方式时,必须对可应用的拣货作业组织方式熟悉。影响拣货作业组织方式的主要因素是:分区、订单分割、订单分批及分类,由这四个因素产生多种拣货作业组织方式。

一、分区拣选作业

分区拣选作业就是将拣取作业场地进行区域划分,每一个拣货员负责拣取固定区域内的物品。拣货分区应与储存分区结合考虑。具体分区方式有:

1. 商品特性分区

如果配送中心入库存储时根据商品类别、功能、包装等属性分区存储,则拣选时按此分区拣选。如:家电配送中心存储区可分为黑电区、冰洗区、空调区、小家电区、数码区等,遵循"分区拣选,按配送路线集货"的原则。

2. 储存单位分区

商品特性分区内具有相同储存单位的商品集中,便可形成储存单位分区。如:托盘货架区存储单元是整托,拣选时可以是整托也可以是整箱,而拆零区存储和拣选单元则是SKU(单品)。

3. 拣货单位分区

按需求的拣货单位(托盘或箱)来分区。如:自动立体仓库是以托盘为储存单位的,则拣选时必须以整托为拣选单元(如以非整托拣取则会严重影响自动立体仓库的运行效率)。

4. 拣货方式分区

在同一拣货单位分区内,若想采取不同方式及设备的拣取,则需作拣货方式的分区考虑。如:同为拆零拣选的电子标签拣选区和隔板货架区(辅以移动式拣选播种柜),因拣取方式和设备不同则需分区拣选。

5. 工作分区

在相同拣货方式下,将拣货作业场地细分成每个分区,由一个或一组固定的拣货人员负责拣取区域内的物品。优点在于使拣货人员所需记忆的存货位置及移动距离减少,以缩短拣货的时间。

$$工作分区数 = \frac{总拣货需求产能}{单一工作分区预计产能}$$

二、订单分割

将订单切分成若干子订单,交由不同的拣货人员同时进行拣货作业,以加速拣货的完成。应与分区策略联合运用才能发挥效用。

三、订单分批

订单分批是为了提高拣货作业效率而把多张订单集合成一批,进行批次拣取作业,目的

在于缩短拣取时平均行走搬运的距离及时间。具体包括:

1. 总量分批

总量分批是将进行拣货作业前所有累积订单中的物品按品项合计总量,再根据这一总量进行拣取的方式。适合固定点间的周期性配送。

优点:一次拣出商品总量,可使平均拣货距离最短。

缺点:有较强的分类系统,订单数不可过多。

2. 时窗分批

当订单到达至出货所需时间非常紧迫时,可利用此策略开启短暂时窗,例如 5 分钟或 10 分钟,再将此一时窗中所到达的订单作为一批,进行拣取。时窗分批适合密集频繁的订单,以及紧急插单。

3. 固定订单量分批

订单分批按先进先出的原则,当累计订单数达到设定的固定量后,再开始进行拣货作业。

优点:维持稳定的拣货效率,使自动化的拣货、分类设备发挥最大功效。

缺点:订单的商品总量变化不宜太大,否则造成分类作业的不经济。

4. 智能型分批

订单在汇集后,必须经过较复杂的电脑计算程序,将拣取路线相近的订单集中处理,求得最佳的订单分批,可缩短拣货行走搬运距离。

第三节　配送过程中的增值服务

配送服务可以分为基本服务和增值服务。基本服务是指配送活动在满足客户需求过程中必然发生的服务项目,比如仓储服务、运输服务、装卸搬运服务等;而增值服务是指配送过程中,为满足客户需求或者提高配送作业效率而进行的新增服务项目,且该服务项目能够提升或者改善配送对象自身价值或使用价值,如各项流通加工服务和包装服务等。

一、流通加工服务

1. 流通加工的概念

流通加工是商品在从生产者向消费者流通过程中,为了增加附加价值,满足客户需求,促进销售而进行简单的组装、剪切、套裁、贴标签、刷标志、分类、检量、弯管、打孔等加工作业。

在物品进入流通领域后，按客户的要求进行的加工活动，即在物品从生产者向消费者流动的过程中，为了促进销售、维护商品质量和提高物流效率，对物品进行一定程度的加工。流通加工通过改变或完善流通对象的形态来实现"桥梁和纽带"（连接生产者和消费者）的作用，因此流通加工是流通中的一种特殊形式。

2. 流通加工产生原因

（1）现代生产方式的规模化、标准化、专业化

现代生产发展趋势之一就是生产规模化、标准化、专业化，依靠单品种、大批量的生产方法降低生产成本获取规模经济效益，这样就出现了生产相对集中的趋势。这种规模的大型化、生产的专业化程度越高，生产相对集中的程度也就越高。生产的集中化进一步引起产需之间的分离，产需分离的表现首先为人们认识的是空间、时间及人的分离，即生产及消费不在同一个地点，而是有一定的空间距离；生产及消费在时间上不能同步，而是存在着一定的"时间差"；生产者及消费者不是处于一个封闭的圈内，某些人生产的产品供给成千上万人消费，而某些人消费的产品又来自其他许多生产者。弥补上述分离的手段是运输、储存及交换。

近年来，人们进一步认识到，现代生产引起的产需分离并不局限于上述三个方面，这种分离是深刻而广泛的。第四种重大的分离就是生产及需求在产品功能上分离。尽管"用户第一"等口号成了许多生产者的主导思想，但是，生产毕竟有生产的规律，尤其在强调大生产的工业化社会，大生产的特点之一就是"少品种、大批量、专业化"，产品的功能（规格、品种、性能）往往不能和消费需要密切衔接。弥补这一分离的方法，就是流通加工。所以，流通加工的诞生实际是现代生产发展的一种必然结果。

（2）现代社会消费的多样化、个性化

消费的个性化和产品的标准化之间存在着一定的矛盾，使本来就存在的产需第四种形式的分离变得更加严重。本来，弥补第四种分离可以采取增加一道生产工序或消费单位加工改制的方法，但在个性化问题十分突出之后，采取上述弥补措施将会使生产、生产管理的复杂性及难度增加，按个性化生产的产品难以组织高效率、大批量的流通。所以，在出现了消费个性化的新形势及新观念之后，就为流通加工开辟了道路。

（3）人们对流通作用的观念转变

在社会再生产全过程中，生产过程是典型的加工制造过程，是形成产品价值及使用价值的主要过程，再生产型的消费究其本质来看也是和生产过程一样，通过加工制造消费了某些

初级产品而生产出深加工产品。历史上在生产不太复杂、生产规模不大时,所有的加工制造几乎全部集中于生产及再生产过程中,而流通过程只是实现商品价值及使用价值的转移而已。

在社会生产向大规模生产、专业化生产转变之后,社会生产越来越复杂,生产的标准化和消费的个性化出现,生产过程中的加工制造常常满足不了消费的要求。而由于流通的复杂化,生产过程中的加工制造也常常不能满足流通的要求。于是,加工活动开始部分地由生产及再生产过程向流通过程转移,在流通过程中形成了某些加工活动,这就是流通加工。

流通加工的出现使流通过程明显地具有了某种"生产性",改变了长期以来形成的"价值及使用价值转移"的旧观念,这就从理论上明确了:流通过程从价值观念来看是可以主动创造价值及使用价值的,而不单是被动地"保持"和"转移"的过程。因此,人们必须研究流通过程中孕育着多少创造价值的潜在能力,这就有可能通过努力在流通过程中进一步提高商品的价值和使用价值,同时,以很少的代价实现这一目标。这样,就引起了流通过程从观念到方法的巨大变化,流通加工则适应这种变化而诞生。

(4)效益观念的树立与强化

20世纪60年代后,效益问题逐渐引起人们的重视,过去人们盲目追求高技术,引起了燃料、材料投入的大幅度上升,结果新技术、新设备虽然采用了,但往往是得不偿失。20世纪70年代初,第一次石油危机的发生证实了效益的重要性,使人们牢牢树立了效益观念,流通加工可以以少量的投入获得很大的效果,是一种高效益的加工方式,自然获得了很大的发展。所以,流通加工从技术上来讲,可能不需要采用什么先进技术,但这种方式是现代观念的反映,在现代的社会再生产过程中起着重要作用。

3. 流通加工的类型

根据不同的目的,流通加工具有不同的类型:

(1)为适应多样化需要

生产部门为了实现高效率、大批量的生产,其产品往往不能完全满足用户的要求。这样,为了满足用户对产品多样化的需要,同时又要保证高效率的大生产,可将生产出来的单一化、标准化的产品进行多样化的改制加工。例如,对钢材卷板的舒展、剪切加工;平板玻璃按需要规格的开片加工;木材改制成枕木、板材、方材等加工。

(2)为方便消费、省力

根据下游生产的需要将商品加工成生产直接可用的状态。例如,根据需要将钢材定尺、定型,按要求下料;将木材制成可直接投入使用的各种型材;将水泥制成混凝土拌合料,使用时只需稍加搅拌即可使用等。

(3) 为保护产品

在物流过程中,为了保护商品的使用价值,延长商品在生产和使用期间的寿命,防止商品在运输、储存、装卸搬运、包装等过程中遭受损失,可以采取稳固、改装、保鲜、冷冻、涂油等方式。例如,水产品、肉类、蛋类的保鲜、保质的冷冻加工、防腐加工等;丝、麻、棉织品的防虫、防霉加工等。还有,如为防止金属材料的锈蚀而进行的喷漆、涂防锈油等措施,运用手工、机械或化学方法除锈;木材的防腐朽、防干裂加工;煤炭的防高温自燃加工;水泥的防潮、防湿加工等。

(4) 为弥补生产加工不足

由于受到各种因素的限制,许多产品在生产领域的加工只能到一定程度,而不能完全实现终极的加工。例如,木材在产地完成成材加工或制成木制品的话,就会给运输带来极大的困难,所以,在生产领域只能加工到圆木、板、方材这个程度,进一步的下料、切裁、处理等加工则由流通加工完成;钢铁厂大规模的生产只能按规格生产,以使产品有较强的通用性,从而使生产能有较高的效率,取得较好的效益。

(5) 为促进销售

流通加工也可以起到促进销售的作用。比如,将过大包装或散装物分装成适合依次销售的小包装的分装加工;将以保护商品为主的运输包装改换成以促进销售为主的销售包装,以起到吸引消费者、促进销售的作用;将蔬菜、肉类洗净切块以满足消费者要求等。

(6) 为提高加工效率

许多生产企业的初级加工由于数量有限,加工效率不高。而流通加工以集中加工的形式,解决了单个企业加工效率不高的弊病。它以一家流通加工企业的集中加工代替了若干家生产企业的初级加工,促使生产水平有一定的提高。

(7) 为提高物流效率

有些商品本身的形态使之难以进行物流操作,而且商品在运输、装卸搬运过程中极易受损,因此需要进行适当的流通加工,从而使物流各环节易于操作,提高物流效率,降低物流损失。例如,造纸用的木材磨成木屑的流通加工,可以极大提高运输工具的装载效率;自行车在消费地区的装配加工可以提高运输效率,降低损失;石油气的液化加工,使很难输送的气态物转变为容易输送的液态物,也可以提高物流效率。

(8) 为衔接不同运输方式

在干线运输和支线运输的结点设置流通加工环节,可以有效解决大批量、低成本、长距离的干线运输与多品种、少批量、多批次的末端运输和集货运输之间的衔接问题。在流通加工点与大生产企业间形成大批量、定点运输的渠道，以流通加工中心为核心，组织对多个用户的配送，也可以在流通加工点将运输包装转换为销售包装，从而有效衔接不同目的的运输方式。比如，散装水泥中转仓库把散装水泥装袋、将大规模散装水泥转化为小规模散装水泥的流通加工，就衔接了水泥厂大批量运输和工地小批量装运的需要。

(9) 生产——流通一体化

依靠生产企业和流通企业的联合，或者生产企业涉足流通，或者流通企业涉足生产，形成的对生产与流通加工进行合理分工、合理规划、合理组织，统筹进行生产与流通加工的安排，这就是生产—流通一体化的流通加工形式。这种形式可以促成产品结构及产业结构的调整，充分发挥企业集团的经济技术优势，是目前流通加工领域的新形式。

(10) 为实施配送

这种流通加工形式是配送中心为了实现配送活动，满足客户的需要而对物资进行的加工。例如，混凝土搅拌车可以根据客户的要求，把沙子、水泥、石子、水等各种不同材料按比例要求装入可旋转的罐中。在配送路途中，汽车边行驶边搅拌，到达施工现场后，混凝土已经均匀搅拌好，可以直接投入使用。

4. 流通加工的特点

与生产加工相比较，流通加工具有以下特点：

(1) 从加工对象看

流通加工的对象是进入流通过程的商品，具有商品的属性，以此来区别多环节生产加工中的一环。流通加工的对象是商品，而生产加工的对象不是最终产品，而是原材料、零配件或半成品。

(2) 从加工程度看

流通加工大多是简单加工，而不是复杂加工，一般来讲，如果必须进行复杂加工才能形成人们所需的商品，那么，这种复杂加工应该专设生产加工过程。生产过程理应完成大部分加工活动，流通加工则是对生产加工的一种辅助及补充。特别需要指出的是，流通加工绝不是对生产加工的取消或代替。

(3) 从价值观点看

生产加工的目的在于创造价值及使用价值，而流通加工的目的则在于完善其使用价值，并在不做大的改变的情况下提高价值。

(4) 从加工责任人看

流通加工的组织者是从事流通工作的人员，能密切结合流通的需要进行加工活动。从加工单位来看，流通加工由商业或物资流通企业完成，而生产加工则由生产企业

完成。

(5) 从加工目的看

商品生产是为交换、为消费而进行的生产,而流通加工的一个重要目的是为了消费(或再生产)所进行的加工,这一点与商品生产有共同之处。但是流通加工有时候也是以自身流通为目的,纯粹是为流通创造条件,这种为流通所进行的加工与直接为消费进行的加工在目的上是有所区别的,这也是流通加工不同于一般生产加工的特殊之处。

流通阶段的加工即物流加工,处于不易区分生产还是物流的中间环节,尽管它可以创造性质和形态的使用效能,但是还是应该从物流机能拓展的角度将其看作物流的构成要素为宜。流通加工的目的可归纳为:

①适应多样化的客户的需求。

②在食品方面,可以通过流通加工来保持并提高其保存机能。

③提高商品的附加值。

④可以规避风险,推进物流系统化。

5. 流通加工的内容

(1) 食品的流通加工

流通加工最多的是食品行业,为了便于保存,提高流通效率,食品的流通加工是不可缺少的,如鱼和肉类的冷冻,蛋品加工,生鲜食品的原包装,大米的自动包装,上市牛奶的灭菌等。

(2) 消费资料的流通加工

消费资料的流通加工是以服务客户,促进销售为目,如衣料品的标识和印记商标,家具的组装,地毯剪接等。

(3) 生产资料的流通加工

具有代表性的生产资料加工是钢铁的加工,如钢板的切割,使用矫直机将薄板卷材展平等。

通过流通加工进行集中下料,将生产厂商直接运来的简单规格产品,按用户的要求进行下料。例如将钢板进行剪板、切裁;木材加工成各种长度及大小的板、方等。集中下料可以优材优用、小材大用、合理套裁,明显地提高原材料的利用率,有很好的技术经济效果。

6. 流通加工的作用

(1) 方便用户

用量小或满足临时需要的用户,不具备进行高效率初级加工的能力,通过流通加工可以使用户省去进行初级加工的投资、设备、人力,方便了用户。目前发展较快的初级加工有:将水泥加工成生混凝土、将原木或板、方材加工成门窗、钢板预处理、整形等加工。

(2) 提高了加工效率及设备利用率

在分散加工的情况下,加工设备由于生产周期和生产节奏的限制,设备利用时松时紧,使得加工过程不均衡,设备加工能力不能得到充分发挥。而流通加工面向全社会,加工数量大,加工范围广,加工任务多,这样可以通过建立集中加工点,采用一些效率高、技术先进、加工量大的专门机具和设备,一方面提高了加工效率和加工质量,另一方面还提高了设备利用率。

7. 流通加工在物流中的地位

(1) 有效地完善了流通

流通加工在实现时间效用和场所效用这两个重要功能方面,确实不能与运输和保管相比,因而,流通加工不是物流的主要功能要素。另外,流通加工的普遍性也不能与运输、保管相比,流通加工不是对所有物流活动都是必需的。但这绝不是说流通加工不重要,实际上它是不可轻视的,它具有补充、完善、提高与增强的作用,能起到运输、保管等其他功能要素无法起到的作用。所以,流通加工的地位可以描述为:提高物流水平,促进流通向现代化发展。

(2) 是物流的重要利润来源

流通加工是一种低投入、高产出的加工方式,往往以简单加工解决大问题。实践中,有的流通加工通过改变商品包装,使商品档次升级而充分实现其价值;有的流通加工可将产品利用率大幅提高30%,甚至更多。这些都是采取一般方法以期提高生产率所难以做到的。实践证明,流通加工提供的利润并不亚于从运输和保管中挖掘的利润,因此我们说流通加工是物流业的重要利润来源。

(3) 是重要的加工形式

流通加工在整个国民经济的组织和运行方面是一种重要的加工形式,对推动国民经济的发展、完善国民经济的产业结构具有一定的意义。流通加工合理化的含义是实现流通加工的最优配置,也就是对是否设置流通加工环节、在什么地方设置、选择什么类型的加工、采用什么样的技术装备等问题做出正确抉择。这样做不仅要避免各种不合理的流通加工形式,而且要做到最优。

① 不合理流通加工形式

a. 流通加工地点设置的不合理。流通加工地点设置即布局状况是决定整个流通加工是否有效的重要因素。一般来说,为衔接单品种大批量生产与多样化需求的流通加工,加工地点设置在需求地区,才能实现大批量的干线运输与多品种末端配送的物流优势。如果将流通加工地设置在生产地区,一方面,为了满足用户多样化的需求,会出现多品种、小批量的产品由产地向需求地的长距离的运输;另一方面,在生产地增加了一个加工环节,同时也会增加近距离运输、保管、装卸等一系列物流活动。所以,在这种情况下,不如由原生产单位完成这种加工而无需设置专门的流通加工环节。另外,一般来说,为方便物流,流通加工环节应该设置在产出地,设置在进入社会物流之前。如果将其设置在物流之后,即设置在消费地,则不但不能解决物流问题,又在流通中增加了中转环节,因而也是不合理的。即使是产地或需求地设置流通加工的选择是正确的,还有流通加工在小地域范围内的正确选址问题。如果处理不善,仍然会出现不合理。比如说交通不便,流通加工与生产企业或用户之间距离较远,加工点周围的社会环境条件不好等等。

b. 流通加工方式选择不当。流通加工方式包括流通加工对象、流通加工工艺、流通加工技术、流通加工程度等。流通加工方式的确定实际上是生产加工的合理分工。分工不合理,把本来应由生产加工完成的作业错误地交给流通加工来完成,或者把本来应由流通加工完成的作业错误地交给生产过程去完成,都会造成不合理。流通加工不是对生产加工的代替,而是一种补充和完善。所以,一般来说,如果工艺复杂,技术装备要求较高,或加工可以由生产过程延续或轻易解决的,都不宜再设置流通加工。如果流通加工方式选择不当,就可能会出现生产争利的恶果。

c. 流通加工作用不大,形成多余环节。有的流通加工过于简单,或者对生产和消费的作用都不大,甚至有时由于流通加工的盲目性,同样未能解决品种、规格、包装等问题,相反却增加了作业环节,这也是流通加工不合理的重要表现形式。

d. 流通加工成本过高,效益不好。流通加工的一个重要优势就是它有较大的投入产出比,因而能有效地起到补充、完善的作用。如果流通加工成本过高,则不能实现以较低投入实现更高使用价值的目的,势必会影响它的经济效益。

②实现合理化的途径。要实现流通加工的合理化,主要应从以下几个方面加以考虑:

a. 加工和配送结合。就是将流通加工设置在配送点中。一方面按配送的需要进行加工,另一方面加工又是配送作业流程中分货、拣货、配货的重要一环,加工后的产品直接投入到配货作业,这就无需单独设置一个加工的中间环节,而使流通加工与中转流通巧妙地结合在一起。同时,由于配送之前有必要的加工,可以使配送服务水平大大提高,这是当前对流通加工做合理选择的重要形式,在煤炭、水泥等产品的流通中已经表现出较大的优势。

b. 加工和配套结合。"配套"是指对使用上有联系的用品集合成套地供应给用户使用。例如，方便食品的配套。当然，配套的主体来自各个生产企业，如方便食品中的方便面，就是由其生产企业配套生产的。但是，有的配套不能由某个生产企业全部完成，如方便食品中的盘菜、汤料等。这样，在物流企业进行适当的流通加工，可以有效地促成配套，大大提高流通作为供需桥梁与纽带的能力。

c. 加工和合理运输结合。我们知道，流通加工能有效衔接干线运输和支线运输，促进两种运输形式的合理化。利用流通加工，在支线运输转干线运输或干线运输转支线运输等这些必须停顿的环节，不进行一般的支转干或干转支，而是按干线或支线运输合理的要求进行适当加工，从而大大提高运输及运输转载水平。

d. 加工和合理商流结合。流通加工也能起到促进销售的作用，从而使商流合理化，这也是流通加工合理化的方向之一。加工和配送相结合，通过流通加工，提高了配送水平，促进了销售，使加工与商流合理结合。此外，通过简单地改变包装，加工形成方便的购买量，通过组装加工解除用户使用前进行组装、调试的难处，都是有效促进商流的很好例证。

e. 加工和节约结合。节约能源、节约设备、节约人力、减少耗费是流通加工合理化重要的考虑因素，也是目前我国设置流通加工并考虑其合理化的较普遍形式。

对于流通加工合理化的最终判断，是看其是否能实现社会的和企业本身的两个效益，而且是否取得了最优效益。流通企业更应该树立社会效益第一的观念，以实现产品生产的最终利益为原则，只有在生产流通过程中以不断补充、完善为己任的前提下才有生存的价值。如果只是追求企业的局部效益，不适当地进行加工，甚至与生产企业争利，这就有违于流通加工的初衷，或者其本身已不属于流通加工的范畴。

二、包装服务

中国国家标准《包装术语　第一部分:基础》GB/T 4122.1—2008 中，包装的定义是："为在流通过程中保护产品、方便储运、促进销售，按一定技术方法而采用的容器、材料及辅助物等的总体名称。也指为了达到上述目的而采用容器、材料和辅助物的过程中施加一定方法等的操作活动。"

包装定义有两层含义：

第一层含义是指盛装商品的容器、材料及辅助物品，即包装物；

第二层含义是利用包装物所实施的盛装和封缄、包扎等的技术活动，即包装活动；

在配送作业过程中涉及的包装作业活动包括以下各项：

1. 分装(图4-4)

部分商品销售包装的体积或者重量所占比重过大,如红酒。为了能够降低物流过程中的成本,往往从产地实施大包装,比如桶、罐等。通过运输到达消费地的分装中心或配送中心后,为了便于销售和消费,将大装包分装为小包装,然后配送至店铺或者消费者手中。商品分装的目的和实质是提高运输效率,降低物流成本,方便销售和消费。

2. 集装(图4-5)

配送作业过程中的集装作业主要发生在拣选理货环节,客户需求呈多品种、小批量的趋势发展,配送中心的配送服务必须适应客户的需求特征。所以配送中心在拣选作业时通常要进行拆零以满足客户需求,而为了便于拆零拣选后商品的搬运、装车、送货和交接,需要利用物流周转箱对拆零后的商品进行集纳、盛装,这一过程就是集装。

图4-4 分装示意图

图4-5 集装示意图

3. 保护包装(图4-6)

在商品配送过程中,由于部分商品的外包装难以承受配送运输过程中的压力或者冲击力,非常容易造成损害,形成货损。为避免这种情况的发生,需要在原有包装的基础上再进行保护性包装,以完善商品原有包装物的属性,起到保护商品的作用。

4. 促销包装(图4-7)

为了提高销售量,促销时可以将两种或两种以上属性、功能相关或相近的独立包装商品进行再包装,形成一个新的包装单元作为销售单位。而这项工作往往需要在配送中心完成。

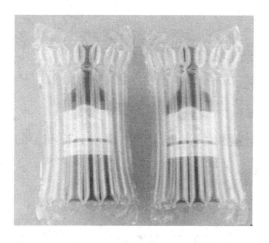
图4-6 保护包装示意图

图4-7 促销包装示意图

第四节 配送路线优化与车辆调度

1. 基本条件

同一条线路上所有客户的需求总和,不大于一辆车的核定载重量;送货时,由这一辆车装着所有客户的货物,沿着一条精心挑选的最佳路线依次将货物送到各个客户手中;这样既保证按时按量地将用户需要的货物及时送到,又节约了车辆、节省了费用,缓解了交通紧张的压力,并减少了运输对环境造成的污染。

2. 节约法的基本规定

节约里程法是确定最优配送路线的一种较为成熟的方法,也称为"节约法"。

利用节约法,确定配送路线的主要出发点,是根据配送方的运输能力(包括车辆的多少和载重量)及其到客户之间的距离、各客户之间的相对距离,从而制定使配送车辆总的运转量(t·km)达到或接近最小值的配送方案。

为了便于介绍节约法的基本思想及解题步骤,设:

①配送的是同一种货物。
②各需要地的坐标(x,y)及需求量均为已知。
③配送中心有足够的运力。

利用节约法制定出的配送方案,除了使配送总运转量(t·km)最小外,还满足以下条件:

① 方案能满足所有需要地的要求。

② 不使任何一辆车超载。

③ 每辆车每天的总运行时间或行驶里程,不超过规定的上限。

④ 能满足需要地到货时间的要求。

3. 节约法的基本思想

如图 4-8 所示,设 p_0 点为配送中心,它分别向需要地 p_i 和 p_j 送货。设 p_0 到 p_i 和 p_j 的距离为 d_{0i} 和 d_{0j},两个需要地 p_i、p_j 之间的距离为 d_{ij}。

送货方案只有两种,如图 4-8 所示。

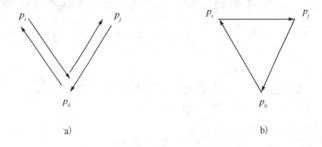

图 4-8 节约法送货方案

方案 a)是从配送中心 p_0 向需要地 p_i 和 p_j 分别送货,配送路线为:

$p_0 \to p_i \to p_0 \to p_j \to p_0$,总的配送距离为 $D_a = 2d_{0i} + 2d_{0j}$。

方案 b)是从配送中心 p_0 向需要地 p_i 和 p_j 同时送货,配送路线为:

$p_0 \to p_i \to p_j \to p_0$ 或 $p_0 \to p_j \to p_i \to p_0$,总的配送距离为 $D_b = d_{0i} + d_{ij} + d_{0j}$。

对比这两个方案,哪个更合理呢? 这就要看 D_a 和 D_b 哪个最小,配送距离越小说明该方案越合理。$D_a - D_b = (2d_{0i} + 2d_{0j}) - (d_{0i} + d_{ij} + d_{0j}) = d_{0i} + d_{0j} - d_{ij}$。

如果把图中的 p_0, p_i, p_j 看成是一个三角形的三个顶点,那么 d_{0i}, d_{0j}, d_{ij} 则是这个三角形的三条边的长度。由三角形的几何性质可知,任意两条边之和均大于第三边,因此可以确认 $d_{0i} + d_{0j} - d_{ij}$ 的结果是大于零的,即: $D_a - D_b > 0$ 或 $D_a > D_b$,方案 b)优于方案 a)。

这种分析方案优劣的思想就是节约法的基本思想。为了便于以后的分析,定义一个概念:"节约量",用 S_{ij} 表示,计算公式为:$S_{ij} = D_a - D_b = d_{0i} + d_{0j} - d_{ij}$。

根据节约法的思想,如果有一个配送中心 p_0 分别向 N 个需要地 $p_j (j = 1, 2, \cdots, N)$ 配送货物,在汽车载重能力许可的前提下,每辆汽车的配送路线上经过的需要地个数越多,则配送路线越合理,总配送距离越小。

例:

设配送中心 p_0 向 7 个客户 $p_1 \sim p_7$ 配送货物,其配送路线网络、配送中心与客户的距离以及客户之间的距离如图 4-9 所示,图中括号内的数字表示客户的需求量(单位:t),线路上的数字表示两结点之间的距离(单位:km),现配送中心有 2 台 4t 卡车和 2 台 6t 卡车两种车辆可供使用。

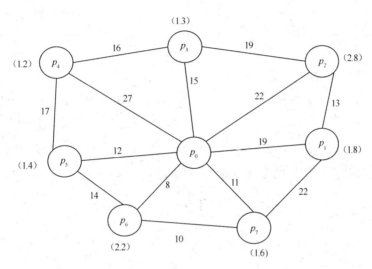

图 4-9 节约法案例

(1)试用节约里程法制订最优的配送方案。

(2)设配送中心在向客户配送货物过程中每小时平均支出成本为 220 元,假定卡车行驶的平均速度为 38.5km/h,试比较优化后的方案比往返向各客户分送可节约多少费用?

解:

第一步:绘制最短距离表(表 4-9)。

最短距离表　　　　　　　　　　表 4-9

	p_0							
p_1	19	p_1						
p_2	22	13	p_2					
p_3	15	32	19	p_3				
p_4	27	46	35	16	p_4			
p_5	12	31	34	27	17	p_5		
p_6	8	27	30	23	31	14	p_6	
p_7	11	22	33	26	38	23	10	p_7

第二步:绘制节约里程表(表 4-10)。

节约里程表　　　　　　　　　　　　　　　表4-10

	p_1						
p_2	28	p_2					
p_3	2	18	p_3				
p_4	0	14	26	p_4			
p_5	0	0	0	22	p_5		
p_6	0	0	0	4	6	p_6	
p_7	8	0	0	0	0	9	p_7

第三步:节约里程排序。

p_1-p_2　28　　　p_3-p_4　26　　　p_4-p_5　22　　　p_2-p_3　18

p_2-p_4　14　　　p_6-p_7　9　　　p_1-p_7　8　　　p_5-p_6　6

p_4-p_6　4　　　p_1-p_3　2

第四步:渐进绘出优化后的配送路线图(图4-10)。

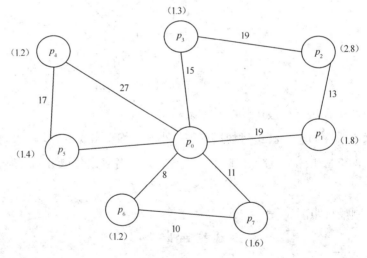

图4-10　优化后的配送路线图

综上所述最优配送方案为:

(1)$p_0-p_3-p_2-p_1-p_0$:用一辆6t车,承载5.9t,行程66km。

(2)$p_0-p_5-p_4-p_0$:用一辆4t车,承载2.6t,行程56km。

(3)$p_0-p_7-p_6-p_0$:用一辆4t车,承载2.8t,行程29km。

总行程:151km,节约了:228-151=77km。

节约时间为:77÷38.5=2h。

节约费用为:2×220=440元。

第五节 配装配载

配装配载是物流作业环节中比较重要的一个环节,其处于出库拣选、集货至月台之后,发车送货之前。配装配载作业的核心工作是送货装车时提高运输工具的利用率、保护在途货物安全、保障按预定的路线卸车。

配装配载既可以理解为一项工作的两个方面,也可以理解为是完全独立的两项工作。如在运输环节配装配载就是一项工作,在装车的时候既要考虑轻重货物的搭配,以提高运输工具的利用率;也要考虑不同属性货物装车的顺序、方法,以保护在途货物的安全,但是重点在配载,实现运输工具利用率最大化,降低运输成本。可是在配送环节则不同,配装配载可以理解为两项不同的工作内容,因为配送强调的是服务,装车时不会特别强调运输工具的利用率,而是在配送路线优化的前提下合理安排不同客户的货物装车顺序,以保证在货物送达后顺利、快捷地卸货。

这样理解配装配载的根本原因在于:运输过程中运输工具大、装载量高、运输距离远,因此运输工具利用率的高低对运输成本的影响巨大;配送作业中所采用的运输工具通常为中小型厢式货车,运量小,运距短,且强调及时性,因此更强调配装,以便于保护货物和快捷卸货。

1. 车辆配载

在长途货物运输过程中,往往会出现运输能力利用率不足的情况。运输能力表现在两个方面:一是汽车的额定装载质量,二是汽车的厢容。即在长途运输中由于装载的货物自身的质量、体积之间的关系原因,造成货运汽车在装载质量上或者在装载容积上利用率不足,如装载的货物属于质量货物(重货),则会产生装载质量达到汽车的定载质量时(不能超载),车厢利用率不足;反之如果装载的是体积货物(轻泡货物),则会产生车厢已经装满,而所装货物质量远未达到汽车自身的额定装载质量。无论哪种情况,都会造成运输效率的下降,单位运输成本的增加。为了避免这种情况的发生,往往在长途运输时,需要将两种或两种以上物理属性(轻、重)不同的货物同时装在一辆汽车上,以提高汽车运输能力的利用率,而这种通过两种或两种以上的轻重货物搭配装车就是"车辆配载"。图4-11 为适用于配载的长途运输的半挂车。

2. 车辆配装

发生在配送作业环节的车辆配装就是在配送路线优化后,明确了不同客户(店铺)送货的先后顺序,装车时按照"远先近后"的原则顺序装车,同时注意不同货物间的属性相近或相忌,做好防护措施以保护在途货物。

由于配送货物品种、特性各异,为提高配送效率,确保货物质量,首先必须对特性差异大的货物进行分类,并分别确定不同的运送方式和运输工具。特别要注意散发臭味的货物不能与具有吸臭性的食品混装,散发粉尘的货物不能与清洁货物混装,渗水货物不能与易受潮货物一同存放,另外为了减少或避免差错,也应尽量把外观相近、容易混淆的货物分开装载。由于配送货物有轻重缓急之分,所以必须初步确定哪些货物可配于同一辆车,哪些货物不能配于同一辆车,以做好车辆的初步配装工作。因此,配送部门既要按订单要求在配送计划中明确运送顺序,又要安排理货人员将各种所需的不能混装的商品进行分类,同时还应按定单标明到达地点、用户名称、运送时间、商品明细等,最后按流向、流量、距离将各类商品进行车辆配载。

在具体装车时,装车顺序或运送批次先后一般按用户的要求时间先后进行,但对同一车辆共送的货物装车则要将货物依"后送先装"的顺序。但有时在考虑有效利用车辆的空间的同时,可能还要根据货物的性质(怕震、怕压、怕撞、怕湿)、形状、体积及重量等,做出弹性调整,如轻货应放在重货上面,包装强度差的应放在包装强度好的上面,易滚动的卷状、桶状货物要垂直摆放等。另外,应按照货物的性质、形状、重量、体积等来具体决定货物的装卸方法。图4-12为适用于进行配送的厢式卡车。

图4-11 适合于长途运输的半挂车

图4-12 适用于配送的厢式卡车

第六节 送达服务

当货物送达要货地点后,送货人员应协助收货单位将货品卸下车,放到指定位置,并与收货人员一起清点货物,做好送货完成确认工作(送货签收回单)。如果有退货、调货的要求,则应随车带回退调商品,并完成有关单证手续。

第七节 补 货

一、补货作业的含义

补货作业的目的是保证拣货区有货可拣,是保证货源充足的基础。补货通常以托盘为单位,其是从货物保管区将货品移到拣货区的作业过程。图 4-13 为补货作业示意图。

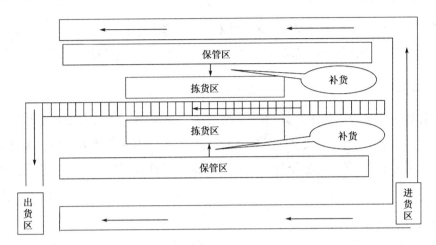

图 4-13　补货作业示意图

二、补货的方式

补货的目的是为了拣货,为拣货提供货源,拣货作业的效率与补货作业密切相关,所以补货是为支持拣货。可能的补货方式包括:

1. 整箱补货

由货架保管区补货至流动货架的拣货区。

保管区为货架存放,动管拣货区为两面开放的流动式货架。补货方式为补货员至货架保管区取出货物,以手推车或电动堆高机载至拣货区,由流动货架的后方(非拣取面)补货。

适宜的货品:体积小且少量多样出货的货品。

2. 由地板堆叠保管区补货至地板堆叠拣货区整托盘补货

补货方式为作业员用堆高机或叉车将货品由托盘平置堆叠的保管区搬运托盘至同样是托盘平置堆叠的拣货区。

适宜的货品:体积大或出货量多的货品。

3. 由地板堆叠保管区补货至托盘货架拣货区整托盘补货

补货方式为作业员使用堆高机或叉车从地板平置堆叠的保管区搬回托盘,送至动管区托盘货架上储存。

适宜的货品:体积中等或中量出货的货品。

4. 货架上层向货架下层的补货

补货方式为利用叉车将上层保管区的货品搬至下层拣货区。

适宜的货品:体积不大,每品项存货量不高,且出货多属中小量的货品。

三、补货的时机

因为补货主要是为拣货作准备,因此补货作业的发生与否主要看动管拣货区的货物存量是否符合需求,究竟何时补货要看动管拣货区的存量,以避免出现在拣货中途才发现动管区货量不足需要补货,而影响整个拣货作业。通常,可采用批次补货、定时补货或随机补货三种方式。

1. 批次补货

在每一天或每一批次拣取之前,经电脑计算所需的总拣取量,再查看拣货区的货品量,计算差额并在拣货作业开始之前补足货品。这种补货原则,适合于一天内作业量变化不大、紧急追加订货不多,或是每一批次拣取量大需要事先掌握的情况。

2. 定时补货

定时补货是针对分批拣货时间固定、且处理紧急追加订货的时间也固定的情况,将每一天划分为若干个时段,补货人员在时段内检查动管拣货区货架上的商品存量,如果发现不足,马上予以补货。

3. 随机补货

这是一种指定专人从事补货作业方式,这些人员随时巡视动管拣货区的物品存量,发现不足随时补货。这种补货原则,较适合于每批次拣取量不大、紧急追加订货较多,以及一天内作业量不易事前掌握的场合。

第八节　拣选出库作业流程说明

一、出库流程图(WMS 操作流程)

WMS 操作流程如图 4-14 所示。

WMS 出库过程描述如下:

单元四 配送作业技术与精益化管理

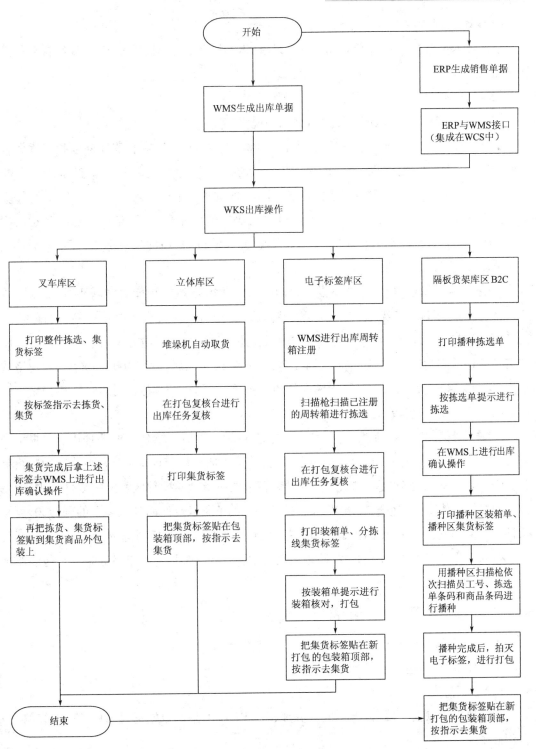

图 4-14 WMS 操作流程图

(1)单据生成

出库单据可以在 WMS 内部生成,也可以由 ERP 中的采购单据通过 WCS 系统自动传送转化而来。

(2)在 WMS 内部进行出库指令下发操作

(3)下面针对每个库区的出库进行详细的说明

①叉车库区。出库指令下发后,首先打印 80mm×120mm 规格的整件拣选和集货标签(两标签合一的),其次按标签上面的提示去拣货、集货,上述工作做完后,要按标签去 WMS 系统上进行出库确认,然后再回来把标签贴到集货区的货物上。

②立体库区。出库指令下发后,堆垛机自动取货到出库台,周转箱经输送线到达出库口,操作员进行出库复核,复核完成后,打印 100mm×50mm 规格的集货标签,把集货标签贴在包装箱顶部,按指示去集货。

③电子标签库区。出库指令下发后,操作员在 WMS 上进行出库周转箱注册,注册完成后,操作员用电子标签货架上的扫描枪扫描注册的周转箱号码,点亮电子标签进行零货拣选,所有指示灯拍灭以后,把周转箱推入中间道的输送线,触发光电开关,使输送线运行,周转箱经输送线到达出库口,操作员进行出库复核,复核完成后,打印 100mm×50mm 规格的集货标签和 A4 纸大小的装箱单,出库商品和装箱单装入纸箱进行封箱打包,然后把集货标签贴在包装箱顶部,按指示去集货。

④隔板货架库区。出库指令下发后,首先打印播种拣选单,操作员按播种拣选单提示进行拣选,拣选出来的商品放在超市购物小车内,拣选完成以后打印 A4 纸大小的播种装箱单和 100mm×50mm 规格的集货标签,把播种装箱单放在指示的播种区货位的零件盒内,用播种区的扫描枪依次扫描员工号条码、播种拣选单上的条码以及商品外包装上的国标码,点亮播种货架上的电子标签,按标签指示进行播种,播种完成以后把零件盒向前推送,播种区另外一边的操作员将零件盒内的商品装进包装盒中,打包完成以后,把集货标签贴在包装箱顶部,按指示去集货。

二、出库流程图(RF 操作流程)

RF 操作流程如图 4-15 所示。

RF 出库过程描述如下:

(1)单据生成

出库单据可以在 WMS 内部生成,也可以由 ERP 中的采购单据通过 WCS 系统自动传送转化而来。

(2)在 WMS 内部进行出库指令下发操作

单元四 配送作业技术与精益化管理

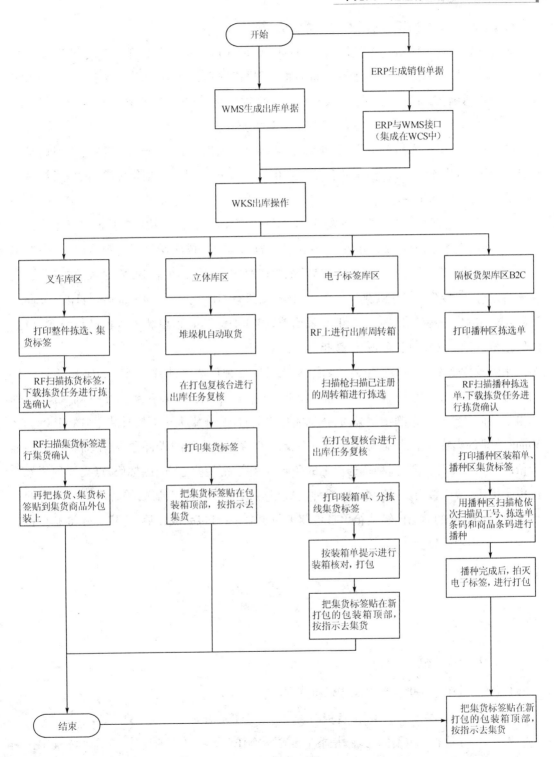

图 4-15 RF 操作流程图

(3)下面针对每个库区的出库进行详细的说明

①叉车库区。出库指令下发后,首先打印80mm×120mm规格的整件拣选和集货标签(两标签合一的),其次RF进入整件出库页面,扫描拣货标签条码,下载拣货任务,按提示完成拣货后进行确认,拣货完成后,进入叉车库区集货页面,扫描集货标签,下载集货任务,点击确认完成集货,最后把标签贴到集货区的货物上。

②立体库区。出库指令下发后,堆垛机自动取货到出库台,周转箱经输送线到达出库口,操作员进行出库复核,复核完成后,打印100mm×50mm规格的集货标签,把集货标签贴在包装箱顶部,按指示去集货。

③电子标签库区。出库指令下发后,操作员进入RF出库周转箱注册页面进行出库周转箱注册;注册完成后,操作员用电子标签货架上的扫描枪扫描注册的周转箱号码,点亮电子标签进行零货拣选,所有指示灯拍灭以后,把周转箱推入中间道的输送线,触发光电开关,使输送线运行;周转箱经输送线到达出库口,操作员进行出库复核;复核完成后,打印100mm×50mm规格的集货标签和A4纸大小的装箱单,出库商品和装箱单装入纸箱进行封箱打包;然后把集货标签贴在包装箱顶部,按指示去集货。

④隔板货架库区。出库指令下发后,首先打印播种拣选单;操作员进入RF隔板拣选页面,扫描播种拣选单上的条码,下载拣货任务,按提示完成拣货,点击确认完成确认操作;拣选出来的商品放在超市购物小车内,拣选完成以后打印A4纸大小的播种装箱单和100mm×50mm规格的集货标签;把播种装箱单放在指示的播种区货位的零件盒内,用播种区的扫描枪依次扫描员工号条码、播种拣选单上的条码以及商品外包装上的国标码,点亮播种货架上的电子标签,按标签指示进行播种;播种完成以后把零件盒向前推送,播种区另外一边的操作员将零件盒内的商品已经装箱单打包装进包装盒中;打包完成以后,把集货标签贴在包装箱顶部,按指示去集货。

复 习 题

一、单项选择题

1.( )在于提供商品出库指示资料,作为拣货的依据。

　　A.客户订单　　　B.出货资料　　　C.拣选单　　　D.送货单

2.( )是非常重要的一环,是整个配送中心作业系统的核心工序,在作业流程中扮演着重要的角色。

A. 集货作业 B. 收货作业
C. 拣货作业 D. 流通加工作业

3. 补货的目的是为了拣货,为拣货提供( ),拣货作业的效率与补货作业密切相关,所以补货是为了支持拣货。

A. 货源 B. 货位地址
C. 货物信息 D. 厂家

4. ( )是配送中心开展配送业务的依据。

A. 客户订单 B. 订单处理
C. 拣选单 D. 集货作业

5. 每批次拣取量不大,紧急追加订货较多,以及一天内作业量不易事前掌握的场合,应采用( )的补货方式。

A. 批次补货 B. 定时补货
C. 随机补货 D. 整箱补货

6. ( )的长短取决于配送中心信息化建设的水平,信息化程度高则时间短。

A. 订单处理时间 B. 订单传递时间
C. 订单准备时间 D. 送货运输时间

7. 单一品项的重复订购频率越高,货品的周转率越高,采取( )较好。

A. 订单拣取 B. 批量拣取
C. 人工拣取 D. 复合拣取

8. ( )受配送中心选址、路线优化设计以及运输方式的选取等方面的影响。

A. 订单处理时间 B. 订单传递时间
C. 订单准备时间 D. 送货运输时间

9. ( )一般是一次只为一个客户进行配货作业,在搬运车容积许可而且配送商品不太复杂的情况下,也可以同时为两个以上的客户配货。

A. 订单拣取 B. 批量拣取
C. 人工拣取 D. 拣选机械拣取

10. 适合密集频繁的订单,以及紧急插单的分批方式是( )。

A. 总量分批 B. 智能分批
C. 固定总量分批 D. 时窗分批

11. 人工分拣的优点是( )。

A. 机动灵活,不需要复杂、昂贵的设备,不受商品包装等因素制约

B. 单位时间内的商品处理量获得极大提高

C. 降低分货的差错率

D. 缩短了分拣作业的前置时间、降低成本

12. 摘果法的缺点是(　　)。

  A. 商品品种较多时,拣货行走路径加长,拣取效率降低

  B. 订单处理前置时间短

  C. 作业人员责任不明确,派工不公平

  D. 拣货后不必再进行分货作业

13. 属于电子订货方式的有(　　)。

  A. 业务员跑单　　　　　　　　B. 邮寄订单

  C. 送达订单　　　　　　　　　D. 传真订货

14. 针对于分批拣货时间固定,且处理紧急追加订货的时间也固定的补货方式是(　　)。

  A. 批次补货　　B. 定量补货　　C. 定时补货　　D. 随机补货

15. 订单拣取的主要适用范围为(　　)。

  A. 订购产品品种共性大的订单　　B. 订单大小差异较大

  C. 用户稳定且数量较多的情况　　D. 需进行流通加工的商品

二、多项选择题

1. 订单处理环节中,分配后存货不足的处理方法有(　　)。

  A. 重新调拨　　B. 补送　　C. 延迟交货

  D. 取消订单　　E. 删除不足额订单

2. 批量拣选的特点是(　　)。

  A. 增加单位时间的拣货量

  B. 配货作业与拣选作业同时完成

  C. 订单处理时间短

  D. 对量少、次数多的配送,批量拣取更有效

  E. 计划性较强

3. 订单拣选的适用范围是(　　)。

  A. 用户数量不多　　　　　　　B. 用户的临时紧急需求

  C. 各用户需求的种类有较大的差别　　D. 每种需求数量较大

  E. 用户配送时间要求不一

4. 客户订单审核主要包括(　　)。

A. 品种、数量审核　　B. 客户信用审核　　C. 订货价格审核

D. 包装要求审核　　E. 日期审核

5. 分拣作业的主要过程包括(　　)四个环节。

A. 订单处理　　B. 拣货信息　　C. 行走与搬运

D. 分类与集中　　E. 拣货

6. 拣选单作为拣选作业的依据,最核心的内容包括(　　)。

A. 品名　　B. 货位地址　　C. 拣取数量

D. 客户　　E. 月台号

7. 分区拣选作业中分区方式主要有(　　)。

A. 商品特性分区　　B. 储存单位分区　　C. 拣货单位分区

D. 拣货方式分区　　E. 工作分区

8. 订单资料处理输出包括(　　)。

A. 缺货资料　　B. 拣选单　　C. 送货单

D. 订单　　E. 库存资料

9. 在配送作业过程中涉及的包装作业活动包括(　　)。

A. 分装　　B. 集装　　C. 保护包装

D. 整合包装　　E. 促销包装

三、判断题

1. 客户订货提前期是指客户发出订单时间点至所订货品验收入库时间点之间的时间间隔期。（　　）

2. 客户是配送中心的母公司则所有订单均有效。（　　）

3. 拣货单位是根据订单分析出来的结果而作决定的,如果订货的最小单位是箱,则不需要以单品为拣货单位。（　　）

4. 一根香烟可以称之为单品。（　　）

5. 缩短行走和货物搬运距离是提高配送中心作业效率的关键。（　　）

6. 批量拣取的用户数量不受工艺限制,可以在很大范围内波动。（　　）

7. 每天的订单数很少,但一天订单的品项数很多又不重复,且每一张订单的品项数也很少,此时适合采用订单拣取。（　　）

8. 托盘货架区存储单元是整托,而拣选时可以是整托也可以是整箱。（　　）

9. 自动立体仓库是以托盘为储存单位的,则拣选时必须以整托为拣选单元。（　　）

10. 节约里程法是制定使配送车辆总的运转量达到或接近最小值的配送方案。（　　）

单元五 配送作业绩效与成本管理

【知识目标】

1. 理解配送作业绩效的概念、内容和评价指标体系;
2. 掌握配送作业评价指标的分析方法;
3. 理解配送成本的定义和范畴;
4. 深刻理解配送成本的定义、构成以及控制理论;
5. 深刻理解配送作业成本法的原理。

【能力目标】

1. 能够建立配送作业评价指标体系;
2. 能够应用作业成本法原理进行成本剖析。

第一节 配送作业绩效管理

一、配送中心作业绩效评价指标

1. 配送中心绩效评价的概念

绩效评价能够正确判断配送中心的实际经营水平,提高经营能力,改善管理,从而增加配送中心的整体效益。

(1) 企业绩效

绩效一词在英文里的含义为"表现",企业绩效是指在一定的经营期间内企业经营效益和经营者业绩。企业经营效益主要表现在盈利能力、资产运营水平、偿债能力和后续发展能力等方面;经营者业绩主要表现为经营者在经营管理过程中对企业的经营、发展所取得的成果和所做出的贡献。

(2) 企业绩效评价

企业绩效评价是指运用数理统计和运筹学方法,采用特定的指标体系,依据统一的评价标准,按照一定的程序,并通过定量、定性分析,对企业在一定的经营期间内的经营效益和经营者的业绩,做出客观、公正和准确的综合判断。评价内容重点在盈利能力、资产运营水平、偿债能力和发展能力等方面。

(3) 物流绩效

物流绩效通常是指物流活动中一定量的劳动消耗和劳动占用与符合社会需要的劳动成果的对比关系,即投入与产出的比较。物流活动是指运输、仓储、装卸、搬运、包装、流通加工、物流信息及配送等要素或功能的物流服务,即物流增值服务;劳动成果是指物流服务的内容、质量、水平及客户满意度。

(4) 配送中心绩效

配送中心绩效是指在组织配送运作过程中配送中心依据客户订单确定的劳动消耗和劳动占用与所创造的物流价值的对比关系,或者是配送中心投入的配送资源与创造的物流价值的对比。

(5) 配送中心绩效评价

配送中心绩效评价是对物流价值的事前计划与控制以及事后的分析与评估,以衡量配送中心配送系统和配送活动全过程的投入与产出状况的分析技术与方法。

2. 配送中心绩效评价的目标与内容

配送中心绩效评价的实质是对物流配送服务能力、竞争能力和发展能力的评价。对配送中心的绩效评价,应当从提高物流配送服务水平的角度对物流运作活动的总体绩效做出评价。

(1) 配送中心绩效评价指标

①通过评价服务水平和配送成本,并与以往进行对比分析,向管理者和客户提供绩效评估报告。

②应用配送系统标准体系实时对配送系统运作绩效进行控制,以此改进配送运作程序,调整运作方式。

③评价配送中心各业务部门和人员的工作绩效,以达到激励员工、优化配送运作效率的目的。

④评价配送中心作业绩效,了解配送中心空间、人员、设施、物品、订单、时间、成本、品质、作业规划等各个要素的状况,以便采取改进措施。

(2) 配送中心绩效评价的内容

①配送中心财务方面:包括配送成本、配送业务量、配送业务营业收入、配送利润水平及

运行的评价等。

②配送中心技术方面：包括配送中心业务流程的评价、配送中心设施设备的配置及运行的评价等。

③配送中心资源方面：包括能源利用率、原材料利用率、回收率及资源对环境的影响情况等。

3. 配送中心绩效评价的原则

(1) 客观公正原则

配送中心绩效评价的指标体系、标准、程序和方法，应该科学、实用和规范，评价结果应具有可比性，与实际经营绩效水平应相符，评价结论形成的信息对决策应有价值。

(2) 经常化、制度化原则

配送中心必须制定科学合理的绩效评价制度，将正式评价与非正式评价相结合，使评价经常化、制度化。

(3) 目标与激励原则

配送中心绩效评价体系的设计目标和激励是不可少的，而目标的实现是很重要的激励机制。

(4) 时效与比较原则

为了及时了解配送中心运营的效益与业绩，应该及时进行评价。评价绩效，数据是最佳的衡量工具，但是如果没有比较基准数据，再及时的评价也是徒劳的。因此，配送中心的盈余或亏损，须同过去的记录、预算目标、同行业水准、国外水平等进行比较，才能鉴别其优劣。只有将一定的基准数据与评价企业的经营结果进行比较及分析，配送中心绩效评价才具有实际意义。

(5) 全面性与综合性原则

综合、全面地评价配送中心绩效，必须把影响配送中心经营绩效和经营业绩的各种因素都作为评价范围，在详细研究、分析国内外配送中心绩效评价现状和发展的基础上，结合我国的实际情况，设计出反映配送中心绩效的评价指标和体系内容。

(6) 可操作性强原则

无论多么完美的评价体系，如果操作繁杂，就不能被广泛接受，即便是勉强接受，在实施过程中也会出现操作失误。确保配送中心绩效评价的操作简便，有利于提高工作效率，便于推广应用。

4. 配送中心绩效评价的作用

配送中心绩效评价有以下几个方面的作用：

①提出和追踪物流运作目标以及完成情况,并进行不同层次和角度的分析和评价,实现对物流活动的事先控制。

②判断配送中心目标的可行性和完成程度,进而调整物流目标。

③提升物流绩效。

④绩效评价是企业内部监控的有效工具和方法。

⑤分析和评估配送中心资源素质与能力,确定物流发展战略。

5. 配送中心作业绩效评价指标的选择

1)选择评价指标的原则

①选择的指标能反映配送中心整体或个别作业单位的业绩。

②选择的指标确定能反映负责人或经理人的努力程度,同时,对于负责人或经理人不能控制的因素也应能适当显示。

③选择的指标要有助于问题点的分析,这样才能协助配送中心找到加强改进的方向。

因此,选取的配送中心业绩评价指标既包含整体评价指标,又包含个别作业单位评价指标。同时,以各个作业为切入点,考查各部门人员的努力程度。

2)评价指标体系的选择

在配送中心运作中,几乎每一作业都有其不同的人力与设备,且每一作业评价重点不相同。有些作业取决于管理决策,还有些作业与设备的多少、设备的大小有密切关系。因此,在选择配送中心评价指标体系时,首先应针对配送中心各项作业的内容,给出一些细化指标;然后,借由这些指标分析出问题的症结,决定从哪一些作业、哪一些要素着手改善,最能快速有效地提升配送中心整体运行效率;最后,再配合公司管理人员一起评价配送中心整体绩效。

(1)配送中心作业项目的划分

由于配送中心的主体不同、功能不同、规模不同、类别不同,所以作业管理方式不完全相同。但是,在作业流程方面却基本相同,都包含一些基本的作业项目,比如订单接收与确认、进货、存储、装卸、搬运、盘点、订单处理、拣货、配货、送货及补货等。

(2)配送中心作业项目评估要素的选择

针对配送中心运营作业,选择的评价指标应综合反映以下要素内容:

①设施空间利用率。设备空间利用率是用于衡量配送中心设施和空间是否已经充分利用的指标要素。配送中心设施是指除人员、设备以外的一切硬件,包括办公室、生活区、收货区、储存区、拣货区、出货区等区域空间的安排以及一些消防设施的设置等。该指标主要考虑配送中心空间利用度、有效度,即提高单位土地面积的使用效率,以货架、储存区的存储

量、每日配送货场地的配货周转次数等为主要指标。

②人员作业效率。人员作业效率是用于衡量每一个人员有无尽到自己最大能力的指标要素，是配送中心经营活动绩效评价的主要内容。这主要可以从以下三个方面分析：

a.人员编制。要求人员的分配达到较为合理的程度，杜绝忙闲不均的情况发生，避免影响到员工的情绪及效率。可以从工作需要、工作量、加班合理性、人员流动性等方面来评价。

b.人员效率。人员效率是管理的目的，一般以工时进行评估。由于配送中心的工时不如生产企业的容易掌握，所以，除工时外，也可以以销货收入、出货量、作业单元数等指标要素来评估人员效率。

c.员工待遇。员工待遇的高低是对员工贡献和价值的衡量标准和认可程度，这直接决定员工对本工作岗位的珍惜度和满意度，进而影响员工的工作态度和积极性，并最终体现在工作效率上。

③设备利用率。用于衡量资产设备有无发挥最大产能的指标要素。配送中心设备主要用于保管、搬运、装卸、分拣、包装、流通加工、送货等物流作业活动。由于各种作业有一定的时间性，设备工时不易计算，因此了除了以机器移动时间来评估外，也可以以单位时间内机器设备的产出量、产出金额、作业单元数、操作速率与故障率等来评价和提升设备利用率。

④物品、订单效率。用于衡量物品销售贡献是否达到预定目标的指标要素，关键在于配送中心集货的效率，如货品的种类、数量、质量等能否吸引客户订单，存货可得性及库存保证和库存控制。

⑤作业规划管理能力。用于衡量管理层决策规划是否适合。管理层规划的最佳作业方式能使作业活动效率大幅提升，反之，则不会达到预期效果。

⑥时间效益率。用于衡量每一项作业时间利用是否最有效的指标要素。缩短作业时间，一方面可以使工作效率提高，另一方面可以使交货期提前。时间是衡量效率最直接的因素，最容易看出整体作业能力的高低。评估时间效益，主要是掌握单位时间内的收入、产出量、作业单元数及各作业时间比率。

⑦成本率。用于衡量某作业的成本费用是否合理。配送中心的物流成本是指直接或间接用于收货、储存、保管、拣货、配货、包装、流通加工、信息处理、配装、补货、送货及其他增值服务的费用的总和。

⑧品质水平。用于衡量产品及服务品质是否达到客户满意的水准。对于品质的管理，一方面要建立合理的质量标准，另一方面要加强对存货管理及作业过程的监督，尽可能避免不必要的损耗、缺货、不良率等，以降低成本，提高客户服务质量。

维护品质标准，要从人员、货品、机械设备和作业方法四个方面寻找对策。

6. 配送中心各项作业绩效评价指标

1）进货作业与出货作业

进货作业是指对物资做实体上的领取，从货车上将货物卸下、开箱、检查其数量和质量，然后将有关信息书面化的物流活动。

出货作业是指将拣取分类完成的货品做好出货检验后，根据各个车辆或配送路线将货品运至出货准备区，然后装车配送的物流活动。

进出货作业是配送中心整个流程中处在两端的作业，它的效率直接影响配送质量。衡量进出货作业效率的指标有：

（1）站台利用率

站台利用率主要考核配送中心站台的使用情况，是否因数量不足或规划不当造成空间利用率低下。具体评价指标的计算公式如下：

$$站台使用率 = \frac{一定时期内进出货车次装卸货停留总时间}{站台泊位数 \times 该期工作天数 \times 该期每天工作时数} \quad (5-1)$$

$$站台高峰率 = \frac{高峰车数}{站台泊位数} \quad (5-2)$$

指标含义分析：

①站台使用率高，表示站台停车泊位数量可能不足，将造成交通拥堵。可采取以下措施：

a. 增加停车泊位数。

b. 为提高效率，要求进出配送中心的车辆有序行驶、停靠、装卸货。

c. 增加进出货作业人员，加快作业速度，减少每辆车装卸停留时间。

②若站台使用率低，站台高峰率高，表示车辆停靠站台平均时间不长，站台停车泊位数量仍然有余，但在高峰时间进出货车辆存在拥堵现象。这种情况主要是没有控制好进出货时间段引起的，关键是要将进出车辆到达作业面的时间岔开，可采取以下措施：

a. 应要求供应商依照计划准时送货，规划对客户交货的出车时间，尽量降低高峰时间的作业量。

b. 若无法与供应商或客户达成分散高峰期流量的共识，则应在高峰时间安排人力以保证货物快速装卸搬运。

（2）人员负担和时间耗用

计算人员负担和时间耗用的目的是评估进出货人员的工作分摊及作业速率，以及目前的进出货时间是否合理。具体评价指标的计算公式如下：

$$\text{每人每小时处理的进货量} = \frac{\text{一定时期的进货量}}{\text{该期进货作业人员数} \times \text{该期每日进货时间} \times \text{该期工作天数}} \quad (5\text{-}3)$$

$$\text{每人每小时处理的出货量} = \frac{\text{一定时期的出货量}}{\text{该期出货作业人员数} \times \text{该期每日出货时间} \times \text{该期工作天数}} \quad (5\text{-}4)$$

$$\text{进货时间率} = \frac{\text{一定时期内每日进货时间}}{\text{该期每日工作时数}} \quad (5\text{-}5)$$

$$\text{出货时间率} = \frac{\text{一定时期内每日出货时间}}{\text{该期每日工作时数}} \quad (5\text{-}6)$$

指标含义分析：

①若每人每小时处理进出货量高，且进出货时间率高，说明进出货人员平均每天负担过重。其原因是配送中心目前业务量过大，应增加进出货人员，以减轻每人的负担。

②若每人每小时处理进出货量低，但进出货时间率高，说明配送中心每日进出货时间长，但每人进出货负担却很轻。原因是进出货作业人员过多和物品进出货处理比较繁杂、进出货作业效率低下。可采取如下措施：

a.减少进出货人员。

b.对低效率的人员进行督促、培训，强调报酬与绩效挂钩。

c.减少单纯依靠劳动力的装卸次数。

③若每人每小时进出货量高，但进出货时间率低，说明上游进货与下游出货的时间可能集中于某一时段，以致作业人员必须在该时间段内承受较高的作业量。可采取分散进出货作业时间的措施。

> **应用分析：**
> 若配送中心每人每小时进出货量偏低，进出货时间率也低。试分析原因及改善对策。

(3) 设备移动率

设备移动率是用于评估每台进出货设备的工作分摊和工作效率的指标。具体评价指标的计算公式如下：

$$\text{每台进出货设备每天的装卸货量} = \frac{\text{一定时期内出货量} + \text{一定时期内进货量}}{\text{该期内的装卸设备数} \times \text{该期工作天数}} \quad (5\text{-}7)$$

$$\text{每台进出货设备每小时的装卸货量} = \frac{\text{一定时期内出货量} + \text{一定时期内进货量}}{\text{该期内的装卸设备数} \times \text{该期工作天数} \times \text{每日进出货时间}} \quad (5\text{-}8)$$

指标含义分析：

①若每台进出货设备每天的装卸货量较低,说明设备利用率差,资产过于闲置。采取的措施是积极开拓业务,增加进出货量,或将部分设备出租或移至他用。

②若每台进出货设备每小时的装卸货量较低,原因可能在于设备运行效率低,若无法加强现有设备产能或改善作业方式来提高,应考虑置换它种设备。

2)储存作业

储存作业是指对存货或物品做妥善保管,充分利用仓库空间,注重库存控制,减少资金占用,降低保管成本,减少积压、过期、变质物品的物流活动。

在管理方面要求善于利用仓库空间,有效利用配送中心每一平方米面积;加强存货管理,保证存货可得性,降低存货的缺货率;防止存货过多而占用资源和资金。衡量储存作业主要有以下几个指标。

(1)设施空间利用率

具体评价指标的计算公式如下:

$$储存面积率 = \frac{储存面积}{配送中心建筑面积} \tag{5-9}$$

$$可使用保管面积率 = \frac{可保管面积}{储区面积} \tag{5-10}$$

$$储位容积使用率 = \frac{存货总体积}{储位总容积} \tag{5-11}$$

$$单位面积保管量 = \frac{平均库存量}{可保管面积} \tag{5-12}$$

$$平均每品项所占储位数 = \frac{料架储位数}{总品项数} \tag{5-13}$$

指标含义分析:

①储区面积率是用于衡量厂房空间利用率是否恰当的指标。

②可使用保管面积率是用于判断储区内通道规划是否合理的指标。

③储位容积使用率和单位面积保管量是用于判断储位规划及使用的料架是否适当,以有效利用储位空间的指标。

④平均每品项所占储位数是用于判断储位管理策略是否应用得当的指标。该指标数值一般在0.5~2.0之间。这样即使无明确的储位编号,也能迅速存取物品,不至于造成储存、拣货作业人员找寻困难,也不会造成同一品项库存过多的问题。

(2)库存周转率

库存周转率是用于考核配送中心货品库存量是否恰当的指标。具体评价指标的计算公式如下:

$$库存周转率 = \frac{单位时间出货量}{该期平均库存量} \qquad (5\text{-}14)$$

$$平均库存量 = \frac{订货批量}{2} \qquad (5\text{-}15)$$

或

$$库存周转率 = \frac{营业额}{平均库存金额} \qquad (5\text{-}16)$$

指标含义分析：

库存周转率高,说明库存周转快,即用较少的库存完成同样的工作,使库存占用和积压的资金减少,或者资金的使用率高。配送中心的利润也随货品库存周转率的提高而增加。

提高库存周转率的途径有：

①降低库存量。

②增加出货量和营业额。

③缩短订货提前期,降低订货点。

④运用 just-in-time 控制库存。

> **思考分析:**
> 若配送中心库存周转率低,说明什么？原因是什么？可采取的对策有哪些？

(3) 库存管理费率

库存管理费率是用于衡量配送中心每单位存货的库存管理费用高低的指标。具体评价指标的计算公式如下：

$$库存管理费率 = \frac{库存管理费用}{平均库存量} \qquad (5\text{-}17)$$

指标含义分析：

库存管理费率高,说明对库存管理费用的控制不够好,应逐一检查分析库存管理费用的内容,发现问题并予以改进。一般库存管理费用包括：

①仓库租金。

②保险费。

③损耗费(包括变质、破损、盘点短缺和盘点损失等费用)。

④仓库管理费用(包括出入库验收、保管、盘点人工费、仓库照明费、空调费、温调温控费、建筑物和设备及器具的维修费等,但不包含相应折旧费)。

⑤货品淘汰费用(流行商品过时、季节性商品换季等造成的损失)。

⑥资金费用(如货物变价损失、机会成本损失等)。

(4) 呆废料率

呆废料率是用于衡量配送中心货品损耗影响资金积压状况的指标。具体评价指标的计算公式如下：

$$呆废料率 = \frac{呆废料件数}{平均库存量} \quad (5-18)$$

或

$$呆废料率 = \frac{呆废料金额}{平均库存金额} \quad (5-19)$$

指标含义分析：

一般配送中心发生呆废料的原因有以下几种：

①验收疏忽。

②产品变质。

③仓储保管不善。

④存货长期积压。

⑤订单取消或客户退货。

⑥变更设计。

⑦新产品或替代品出现。

⑧市场需求变化。

3) 盘点作业

经常对配送中心存货进行定期或不定期检查，及早发现问题，以免造成日后出货的更大损失，这是盘点的目的。在盘点作业中，以盘点过程中发现的存货数量不符的情况作为评估重点。具体评价指标有如下三种。

(1) 盘点数量误差率

盘点数量误差率是用于衡量库存管理优劣，作为改变管理方式的依据，以降低企业的损失的指标。计算公式如下：

$$盘点数量误差率 = \frac{盘点误差量}{盘点总量} \quad (5-20)$$

指标含义分析：

盘点误差产生的原因有以下几种：

①记账员的疏忽（看错字）。

②盘点计数错误。

③单据遗失，进出货未过账。

④捆扎包装错误。

⑤出入库作业时票据输入、检查点数错误。

(2) 盘点品项误差率

盘点品项误差率是用于说明盘点误差主要的发生原因的指标。计算公式如下：

$$盘点品项误差率 = \frac{盘点误差品项数}{盘点实施品项数} \quad (5-21)$$

(3) 平均盘差品金额

平均盘差品金额是用于判断是否采用 ABC 分类或以采用 ABC 存货分类法是否发生作用的指标。计算公式如下：

$$平均盘差品金额 = \frac{盘点误差金额}{盘点误差量} \quad (5-22)$$

指标含义分析：

平均盘差品金额高，说明价值高的物品误差率较大，这是未实施 ABC 管理的结果，对配送中心的运营将造成不利影响。

4) 订单处理作业

订单处理作业是指由接到客户订单开始到着手准备拣货之间的作业阶段，包括订单资料确认、存货查询、单据处理等。主要评价指标有如下六种。

(1) 订单延迟率

订单延迟率是用于衡量交货的延迟状况的指标。计算公式如下：

$$订单延迟率 = \frac{延迟交货订单数}{订单数量} \quad (5-23)$$

指标含义分析：

订单延迟率高，说明配送中心不能按计划和客户要求的交货日期准时交货，对客户的交货能力有待提高。

解决订单延迟问题，可以采取以下措施：

①分析订单处理流程，找出作业瓶颈，加以解决。

②研究物流系统前后作业能否相互支持或同时进行，谋求作业的均衡性，从而缩短交货时间。

③掌握库存情况，防止缺货。

④调整出车时间。

⑤掌握路况。

⑥与客户协调配送时间。

(2) 订单货件延迟率

订单货件延迟率是用于评价公司是否应实施客户重点管理的指标。计算公式如下：

$$订单货件延迟率 = \frac{延迟交货量}{出货量} \tag{5-24}$$

指标含义分析：

若订单货件延迟率高、订单延迟率低，说明订货件数较多的客户交货延迟率比较高，配送中心应实施客户重点管理，应调整配送中心运营策略，否则会流失重点客户。

相应对策可以是根据订单资料，按客户购买量占配送中心营业额的百分比做客户 ABC 分析，将客户分为 A、B、C 三类，对 A 类客户实施重点管理，尽量减少延迟交货的次数，有效降低延迟率。

(3) 紧急订单响应率

紧急订单响应率是用于评价接单至交货的处理时间及紧急插单的处理时间快慢的指标，是反映服务质量的重要指标。计算公式如下：

$$紧急订单响应率 = \frac{未超过 12h 出货订单}{订单数量} \tag{5-25}$$

指标含义分析：

提高紧急订单响应率，可以采取以下措施：

① 减少紧急插单的概率。

② 建立紧急插单处理系统。

③ 制定快速作业处理流程及操作规程。

(4) 客户取消订单率和客户抱怨率

户取消订单率和客户抱怨率是用于评价客户满意度的指标。计算公式如下：

$$客户取消订单率 = \frac{客户取消订单数}{订单数量} \tag{5-26}$$

$$客户抱怨率 = \frac{客户抱怨次数}{订单数量} \tag{5-27}$$

指标含义分析：

客户取消订单率和客户抱怨率过高，原因有如下几种情况：

① 产品品质不良。

② 服务态度不佳。

③ 交货延迟。

④ 同业竞争激烈。

⑤客户素质较差。

(5) 缺货率

缺货率是用于衡量存货控制是否适宜的指标。计算公式如下：

$$缺货率 = \frac{接单缺货次数}{出货量} \qquad (5\text{-}28)$$

指标含义分析：

降低缺货率的策略主要有如下几种：

①加强库存管理。

②分析存货变动原因。

③掌握采购、补货时机。

④督促上游供应商准时送货。

(6) 短缺率

短缺率是用于衡量出货作业的精确度的指标。计算公式如下：

$$短缺率 = \frac{出货品短缺数}{出货量} \qquad (5\text{-}29)$$

指标含义分析：

降低短缺率的途径有如下几种：

①表单标准化并尽可能减少传递票数。

②注重每位员工、每次作业的工作质量。

③分清责任归属。

④注重每一作业环节检查。

此外，订单处理作业评价指标还有分析每天订单变化情况，据以研究拟定客户管理策略及业务发展状况等内容的指标。计算公式如下：

$$日均受理订单数 = \frac{订单数量}{工作天数} \qquad (5\text{-}30)$$

$$每订单平均订货数 = \frac{出货量}{订单数量} \qquad (5\text{-}31)$$

$$日均商品单价 = \frac{营业额}{订单数量} \qquad (5\text{-}32)$$

思考分析：

荣发配送中心在营业过程中，会经常接到许多客户的临时订单，这些订单需求量不大，但要货紧急，且种类较多，许多具有配套性。这影响了配送中心的正常营业。

请问，该配送中心应如何应对？如何建立应变系统？

5）拣货作业

拣货作业是配送流程的中心环节，是依据客户的订货要求或配送中心的作业计划，准确、迅速地将商品从其储位或其他区域拣取出来的作业过程。拣货时间、拣货策略及拣货的精确度影响出货品质。除极少数自动化程度较高的配送中心外，大多拣货作业是靠人工配合简单机械化设备的劳动力密集作业，耗费成本较多。主要评价指标有如下 11 种。

（1）拣货时间率

拣货时间率是用于衡量拣货耗费时间是否合理的指标。计算公式如下：

$$\text{拣货时间率} = \frac{\text{每日拣货时数}}{\text{每天工作时数}} \tag{5-33}$$

指标含义分析：

拣货时间率高，说明容易延误出货时间。原因在于出货量多、拣货人员少或拣货效率低，应采取相应策略加以改进。

（2）每人时拣取品项数、每人时拣取次数和每人时拣取材积数

这三个指标是用于衡量拣货的拣取效率。计算公式如下：

$$\text{每人时拣取品项数} = \frac{\text{订单总笔数}}{\text{拣取人员数} \times \text{每日拣货时数} \times \text{工作天数}} \tag{5-34}$$

$$\text{每人时拣取次数} = \frac{\text{拣货单位累计总件数}}{\text{拣取人员数} \times \text{每日拣货时数} \times \text{工作天数}} \tag{5-35}$$

$$\text{每人时拣取材积数} = \frac{\text{出货品材积数}}{\text{拣取人员数} \times \text{每日拣货时数} \times \text{工作天数}} \tag{5-36}$$

指标含义分析：

提高拣取效率的方法有如下几种：

①合理规划拣货路径。

②合理配置储位。

③确定合理的拣货方式。

④拣货人员数量及工作安排。

⑤拣货的机械化、电子化。

（3）拣取能量使用率

拣取能量使用率是用于评价拣货能量及其使用率，判断业绩与投入资源是否相适宜的指标。计算公式如下：

$$\text{拣取能量使用率} = \frac{\text{订单数量}}{\text{一天目标拣取订单数} \times \text{工作天数}} \tag{5-37}$$

（4）拣货责任品项数

拣货责任品项数是用于衡量拣货的走行规划是否符合动线效率,以及目前拣货区布置是否得当的指标。计算公式如下:

$$拣货责任品项数 = \frac{总品项数}{分区拣取区位数} \quad (5-38)$$

(5)拣取品相移动距离

拣取品相移动距离是用于评价拣货的走行规划是否符合动线效率,以及目前拣货区布置是否得当的指标。计算公式如下:

$$拣取品项移动距离 = \frac{拣货行走移动距离}{订单总笔数} \quad (5-39)$$

(6)拣货人员装备率、拣货设备成本产出、每人时拣取材积数

这三个指标可用于评价配送中心对拣货作业的投资程度。计算公式如下:

$$拣货人员装备率 = \frac{拣货设备成本}{拣货人员数} \quad (5-40)$$

$$拣货设备成本产出 = \frac{出货品材积数}{拣货设备成本} \quad (5-41)$$

$$每人时拣取材积数 = \frac{出货品材积数}{拣货人员数 \times 每日拣货时数 \times 工作天数} \quad (5-42)$$

(7)批量拣货时间

批量拣货时间是用于衡量每批次平均拣取时间的指标。计算公式如下:

$$批量拣货时间 = \frac{每日拣货时数 \times 工作天数}{拣货分派次数} \quad (5-43)$$

(8)每批量包含订单张数、每批量包含项数、每批量拣取次数、每批量拣取材积数

这四个指标用于评价每批次拣取的能力及负担,据此可调整现有的拣货策略。计算公式如下:

$$每批量包含订单数 = \frac{订单数量}{拣货分批次数} \quad (5-44)$$

$$每批量包含品项数 = \frac{订单总笔数}{拣货分批次数} \quad (5-45)$$

$$每批量拣取次数 = \frac{出货箱数}{拣货分批次数} \quad (5-46)$$

$$每批量拣取材积数 = \frac{出货品材积数}{拣货分批次数} \quad (5-47)$$

(9)单位时间处理订单数、单位时间拣取品项数、单位时间拣取次数、单位时间拣取材积数

这四个指标用于衡量配送中心对订单处理完成的把握度。计算公式如下：

$$单位时间处理订单数 = \frac{订单数量}{每日拣货时数 \times 工作天数} \quad (5\text{-}48)$$

$$单位时间拣取品项数 = \frac{订单数量 \times 每张订单平均品项数}{每日拣货时数 \times 工作天数} \quad (5\text{-}49)$$

$$单位时间拣取品次数 = \frac{拣货单位累计总件数}{每日拣货时数 \times 工作天数} \quad (5\text{-}50)$$

$$单位时间拣取材积数 = \frac{出货品材积数}{每日拣货时数 \times 工作天数} \quad (5\text{-}51)$$

（10）每订单投入的拣货成本、每订单笔数投入的拣货成本、每拣取次数投入的拣货成本、单位材积投入的拣货成本

运用拣货成本与产出的拣货效益做比较，借以控制拣货成本，提高拣取的效益。计算公式如下：

$$每订单投入拣货成本 = \frac{拣货成本}{订单数量} \quad (5\text{-}52)$$

$$每订单笔数投入拣货成本 = \frac{拣货成本}{订单总笔数} \quad (5\text{-}53)$$

$$每拣取次数投入拣货成本 = \frac{拣货成本}{拣货单位累计总件数} \quad (5\text{-}54)$$

$$单位材积投入拣货成本 = \frac{拣货成本}{出货品材积数} \quad (5\text{-}55)$$

指标含义分析：

一般拣货成本主要包括如下三类：

①人工成本，包括直接、间接拣货工时成本。

②拣货设备折旧费，包括储运、搬运、资讯处理设备的折旧费。

③资讯处理成本。

(11) 拣货差错率

拣货差错率是用于衡量拣货作业品质的指标，以评估拣货员的细心程度，或自动化设备的正确性功能。计算公式如下：

$$拣货差错率 = \frac{拣取错误笔数}{订单总笔数} \quad (5\text{-}56)$$

指标含义分析：

降低拣货差错率的主要措施有如下五种：

①选择最合理的拣货方式。

②加强拣货人员的培训。
③检查拣货的速度。
④改善拣货单内容表达方式。
⑤引进条形码、拣货标签或计算机辅助拣货系统等自动化技术,以提高拣货精确度。

6) 配送作业

配送是从配送中心将货品送达客户处的活动。适量的配送人员、适合的配送车辆和最佳送货路线相结合才能有效地配送。主要评价指标有如下八种。

(1) 平均每人的配送量、配送距离、配送重量、配送车次

这四个指标用于评估配送人员的工作分摊及其作业贡献度,以衡量配送人员的能力负荷与作业绩效。计算公式如下:

$$平均每人的配送量 = \frac{出货量}{配送人员数} \quad (5-57)$$

$$平均每人的配送距离 = \frac{配送总距离}{配送人员数} \quad (5-58)$$

$$平均每人的配送重量 = \frac{配送总重量}{配送人员数} \quad (5-59)$$

$$平均每人的配送车次 = \frac{配送总车次}{配送人员数} \quad (5-60)$$

(2) 平均每台车的吨公里数、平均每台车配送距离、平均每台车配送重量

这三个指标用于评估配送车辆的产能负荷。计算公式如下:

$$平均每台车的吨公里数 = \frac{配送总距离 \times 配送总重量}{自有车辆数 + 合同车辆数} \quad (5-61)$$

$$平均每台车配送距离 = \frac{配送总距离}{自有车辆数 + 合同车辆数} \quad (5-62)$$

$$平均每台车配送重量 = \frac{配送总重量}{自有车辆数 + 合同车辆数} \quad (5-63)$$

(3) 空车率

空车率是用于衡量车辆的利用率的指标。计算公式如下:

$$空车率 = \frac{空车总行距离}{配送总距离} \quad (5-64)$$

指标含义分析:

减少空车运行状况,关键是要做好回程顺载工作,可从回收物流着手。回收物流包括容器的回收(啤酒瓶、牛奶瓶)、托盘、笼车、拣货周转箱的回收,原材料的再生利用(碎玻璃、铁屑、废纸),退货等。

(4) 配送车移动率、积载率、平均每车次配送重量、平均每车次吨公里数

这四个指标用于衡量车辆运用状况。计算公式如下：

$$配送车移动率 = \frac{配送总车次}{(自有车量 + 合同车量) \times 工作天数} \qquad (5\text{-}65)$$

$$积载率 = \frac{出货品材积数}{车辆总材积数 \times 配送车移动率 \times 工作天数} \qquad (5\text{-}66)$$

$$平均每车次配送重量 = \frac{配送总重量}{配送总车次} \qquad (5\text{-}67)$$

$$平均每车次吨公里数 = \frac{配送总距离 \times 配送总重量}{配送总车次} \qquad (5\text{-}68)$$

(5) 合同车辆比例、季节品比率

这两个指标用于评估合同车辆数量是否合理。是选择自有车辆或合同车辆的依据。计算公式如下：

$$合同车辆比例 = \frac{合同车辆数量}{自有车辆数量 + 合同车辆数量} \qquad (5\text{-}69)$$

$$季节品比率 = \frac{本月季节品存量}{平均库存量} \qquad (5\text{-}70)$$

指标含义分析：

一般使用外雇车辆的原因是为了应付季节性商品和节日商品与平日形成的淡旺季的需求差。如果季节性商品比例高，表示配送中心淡旺季出货量的差别很大，应尽量考虑多雇用合同车辆、减少自备车的数量。反之，则使用自备车来提高配送效率。

(6) 配送成本比率、每吨重配送成本、每材积配送成本、每车次配送成本、每公里配送成本

这五个指标用于衡量配送成本花费多少。计算公式如下：

$$配送成本比率 = \frac{自有车辆配送成本 + 合同车辆配送成本}{物流总费用} \qquad (5\text{-}71)$$

$$每吨重配送成本 = \frac{自有车辆配送成本 + 合同车辆配送成本}{配送总重量} \qquad (5\text{-}72)$$

$$每材积配送成本 = \frac{自有车辆配送成本 + 合同车辆配送成本}{出货品材积数} \qquad (5\text{-}73)$$

$$每车次配送成本 = \frac{自有车辆配送成本 + 合同车辆配送成本}{配送总车次} \qquad (5\text{-}74)$$

$$每公里配送成本 = \frac{自有车辆配送成本 + 合同车辆配送成本}{配送总距离} \qquad (5\text{-}75)$$

(7) 配送平均速度

配送平均速度是用于掌握配送情况,评价配送路线选择及配送车驾驶员管理的指标。计算公式如下:

$$配送平均速度 = \frac{配送总距离}{配送总时间} \qquad (5-76)$$

(8) 配送延迟率

配送延迟率是用于掌握交货时间,尽量减少配送延迟情况,以确保公司信用度的指标。计算公式如下:

$$配送延迟率 = \frac{配送延迟车次}{配送总车次} \qquad (5-77)$$

指标含义分析:

造成配送延迟率过高的原因主要包括车辆、设备故障,路况不佳,供应商供货延迟,缺货及拣货作业延迟。

7) 采购作业

由于出库使库存量减少,当库存量下降到一定点时,应立即进货补充库存。采用何种订购方式、供应商信用、货品品质是进货作业的重要环节。主要评价指标有以下三种。

① 出货品成本占营业额比率。该指标用于衡量采购成本的合理性。计算公式如下:

$$出货品成本占营业额比率 = \frac{出货品采购成本}{营业额} \qquad (5-78)$$

指标含义分析:

降低出货品成本占营业额的比率,可以采取集中采购方式。采购数量大,可获得数量折扣,且统一付款易获得现金折扣,还可以减少采购费用。选择良好的采购条件,比如交货日期、付款方式、采购数量等,也会影响采购价格。

② 货品采购及管理总费用。该指标用于衡量采购与库存政策的合理性。计算公式如下:

$$货品采购及管理总费用 = 采购作业费用 + 库存管理费用 \qquad (5-79)$$

指标含义分析:

对于单价比较高的物品,尽量增加采购次数,这样费用相对较省;而对于单价较低的物品,一次采购量大些,费用相对较省。

③ 进货数量误差率、进货不良品率和进货延迟率。这三个指标用于掌握进货准确度及有效性,以配合调整安全库存。计算公式如下:

$$进货数量误差率 = \frac{进货误差量}{进货量} \qquad (5-80)$$

$$进货不良品率 = \frac{进货不合格数量}{进货量} \qquad (5-81)$$

$$进货延迟率 = \frac{延迟进货数量}{进货量} \qquad (5-82)$$

8）非作业面

即整体方面的评估。重点是配送中心资产运营、财务效益、人员等的评估。

①固定资产周转率。衡量固定资产的运作绩效，评估所投资的资产是否充分发挥作用的指标。计算公式如下：

$$固定资产周转率 = \frac{营业额}{固定资产总额} \qquad (5-83)$$

②产出与投入平衡。产出与投入平衡是用于判断是否维持低库存量，以及与零库存差距多远的指标。计算公式如下：

$$产出与投入平衡 = \frac{出货量}{进货量} \qquad (5-84)$$

若以低库存作为最终目标，且不会缺货，则产出与投入平衡的指标数值最好在每一期间都维持在1左右。

③每天运营金额。每天运营金额是用于衡量公司运营作业稳定性的指标。计算公式如下：

$$每天运营金额 = \frac{单位时间营业额}{该期工作天数} \qquad (5-85)$$

④营业支出与营业额比率。营业支出与营业额比率是用于测定营业成本费用对该期损益影响程度的指标。计算公式如下：

$$营业支出与营业额比率 = \frac{营业支出}{营业额} \qquad (5-86)$$

二、配送中心作业绩效评价分析

1. 配送中心作业绩效评价指标的分析

1）作业绩效评价指标分析方法

（1）比较分析法

比较分析法是指对两个或几个有关的可比数据进行比对，揭示差异和矛盾。比较是分析的基础，没有比较，分析就无法开始。

比较分析的具体方法种类繁多，可以按以下方式分类。

①按比较对象（和谁比）分类。

a. 与本企业历史比,即不同时期指标相比,也称趋势分析。

b. 与同类企业比,即与行业平均数或竞争对手比较,也称横向比较。

c. 与计划数据比,即实际执行结果与计划指标比较,也称差异分析。

②按比较内容(比什么)分类。

a. 总量的比较。比如配送距离、配送总量、营业收入、营业(配送)成本等。总量比较主要用于时间序列分析,比如研究配送中心利润的逐年变化趋势,看其增长潜力;有时也用于同业对比,看企业的相对规模和竞争地位。

b. 比较结构百分比。用于发现有显著问题的项目,揭示进一步分析的方向。

c. 比较比率。配送中心各作业评价指标大都是比率,它们是相对数,排除了规模的影响,使不同比较对象建立起可比性,它的计算是非常简单的,但对它加以说明和解释是相当复杂和困难的。

(2)功效系数法

功效系数法是指根据多目标规划原理,将所要考核的各项指标分别对照不同分类和分档的标准值,通过功效函数转化为可以度量计分的方法,是配送中心绩效评价的基本方法,主要用于配送中心定量指标的计算分析。

(3)综合分析判断法

综合分析判断法是指综合考虑影响配送中心绩效的各种潜在的或非计量的因素,参照评价参考标准,对评价指标进行印象比较分析判断的方法,主要用于定性分析。

2)作业绩效评价指标的分析

在取得运营作业各项绩效评价指标,采用不同的比较方法判断数据好坏后,就是依指标反映的状况进行指标分析,也即基于指标实际数据及资料一一加以分析并发现问题点,把每一生产要素所需采取的行动整理出来,以决定改善对策。

(1)指标分析的步骤包括:

①判断数据的好坏。

②发现问题点。

③确定问题。

④查找原因。

⑤寻找解决方法

(2)具体分析时,从以下两方面入手:

①单一指标分析法。即以单一指标来评估作业绩效。但存在的问题是,一些指标在单独使用时,往往会掩盖另一些重要的方面。

②多元指标分析法。即以多个相互关联的指标来评估作业绩效。关键问题是各指标之间评估过程中的权数如何确定。

3) 作业绩效评价指标分析问题的改善

经过指标分析,会发现一些问题,需要加以改善。具体步骤如下:

①在所有问题点中决定亟待解决的问题。

②收集有关事实,决定改善目标。

③分析事实,检查改善方法。

④拟定改善计划。

⑤试行改善。

⑥评价试行实施结果,并使之标准化。

⑦制定管理标准并执行标准。

2. 配送中心客户服务绩效评价分析

配送中心作为一个物流系统应实现其系统的效率,系统投入与产出之比最优,也就是绩效最优。但配送中心的产出是服务,投入是为服务而耗用的人力、物力、财力,能以最低的投入完成用户所要求的服务,这就是一个有效率的系统,也是配送中心管理的目标。产出的业绩是即配送中心客户服务的业绩是用服务水平与服务质量来评价的。

在评价配送中心服务水平和质量时,涉及以下几方面问题和具体评价指标。

(1) 配送中心服务的可得性

可得性是指当顾客需要时,能够满足顾客需求的能力。衡量可得性一般采用以下三种指标:

①订货完成率。订货完成率是衡量配送中心拥有一个顾客预定的全部存货时间的指标。它把存货的充分可得性看作是一种可接受的完成标准,假定其他方面的完成为零缺陷,则订货完成率就为顾客享受完美订货的服务提供了潜在时间。

②缺货频率。缺货频率是指缺货发生的概率。某种商品未能按顾客需要配送给顾客即产生缺货,缺货频率用于衡量某种商品的需求超过其可得性的次数,将全部商品发生缺货的次数汇总起来,就能对配送中心的服务承诺状况做出评价。

③供应比率。供应比率是衡量缺货的程度或影响大小的指标。通常一种商品的缺货并不意味着客户需求得不到满足,在判断缺货是否影响服务绩效以前,先要确认客户的真实需求,包括需求量、需求时间、需求地点、需求速率等。如果需求速率缓慢,那么即使供应比率较低,客户也会接受部分延期供货或重新订货。

供应比率通常按客户目标予以区分,例如:甲客户订货100个单位,只有95个单位可以得到,那么订货供应比率为95%。一般在评估程序中,包括在一般特定的时间内对多个顾客完成订货进行测评,这样才能够有效地衡量供应比率。

(2)配送中心的作业绩效

作业绩效可通过订发货周期、一致性、灵活性、故障与恢复等指标进行衡量。

①订发货周期。订发货周期是指从开始订货时起到货物配送实际送达时止的时间。不同的配送中心,订发货周期也不一致,长则几周,短则几个小时。这个时间越短,说明配送中心效率越高,配送的速度越快。但并非所有顾客都需要或希望时间越短越好,因为这与顾客的存货,特别是安全库存有直接关系。一般情况下,订发货周期越短,顾客所需用存货投资越少。

②一致性。一致性是指配送中心必须随时按照配送承诺加以履行作业的能力。在计算一致性指标时,用一定时期内准时交货并保证质量的次数占总交货次数的百分比来表示。设在 T 时期内,准时并保证质量交货次数为 N_1,总交货次数为 N_2,一致性指标计算公式如下:

$$P = \frac{N_1}{N_2} \tag{5-87}$$

③灵活性。灵活性是指处理顾客特殊需求的能力。即在始料不及的情况下,如何妥善处理顾客提出的需求,例如:突然改变配送地点、配送时间、配送货物(新产品)等。在很多情况下,配送的优势就在于灵活性,当然这种灵活性并非针对所有客户,它只能满足关键客户的需求。

④故障与恢复。不管配送中心作业如何完善无缺,故障总是会发生的,一旦故障发生,在顾客服务方案中应急计划必须包括对顾客期望恢复的确认以及衡量服务一致性的方法。

(3)配送中心顾客服务的可靠性

配送中心的服务质量与顾客服务的可靠性密切相关,配送活动中最基本的质量问题是如何实现已规划的库存可得性及作业完成能力。顾客通常最讨厌意外事件,如果他们事前得到信息的话,就能够应对缺货或延迟送达等意外情况。

第二节 配送成本与成本控制

配送成本(Distribution Cost)是配送过程中所支付的费用的总和。根据配送流程及配送环节,配送成本主要包含配送运输费用、分拣费用、配装及流通加工费用等。

一、配送成本构成

配送成本应由以下四种费用构成。

1. 配送运输费用

(1) 车辆费用

车辆费用指从事配送运输生产而发生的各项费用。具体包括驾驶员及助手等工资及福利费、燃料费、轮胎费、修理费、折旧费、车船使用税等。

(2) 运营间接费用

营运间接费用是指运营过程中发生的不能直接计入各成本计算对象的站、队经费。包括站、队人员的工资及福利费、办公费、水电费、折旧费等,但不包括管理费用。

2. 分拣费用

(1) 分拣人工费用

分拣人工费用是指从事分拣工作的作业人员及有关人员工资、奖金、补贴等费用的总和。

(2) 分拣设备费用

分拣设备费用是指分拣机械设备的折旧费用及修理费用。

3. 配装费用

(1) 配装材料费用

常见的配装材料有木材、纸、自然纤维和合成纤维、塑料等。这些包装材料功能不同,成本相差很大。

(2) 配装辅助费用

除上述费用外,还有一些辅助性费用,如包装标记、标志的印刷、拴挂物费用等。

(3) 配装人工费用

配装人工费用是指从事包装工作的工人及有关人员的工资、奖金、补贴等费用的总和。

4. 流通加工费用

(1) 流通加工设备费用

流通加工设备因流通加工形式不同而不同,购置这些设备所支出的费用,以流通加工费用的形式转移到被加工产品中去。

(2) 流通加工材料费用

流通加工材料费用是指在流通加工过程中,投入到加工过程中的一些材料消耗所需要的费用。

(3) 人工费用

在流通加工过程中从事加工活动的管理人员、工人及有关人员工资、奖金等费用的总和。

实际应用中,应该根据配送的具体流程归集成本,不同的配送模式,其成本构成差异较大。相同的配送模式下,由于配送物品的性质不同,其成本构成差异也很大。

二、降低配送成本的六种策略

配送是指按用户的订货要求,在物流据点进行分货、配货工作,并将配好之货送交收货人的活动。它是流通加工、整理、拣选、分类、配货、装配、运送等一系列活动的集合。通过配送,使物流活动得以实现;增加了产品价值;有助于提高企业的竞争力。但完成配送活动是需要付出代价的,即需配送成本。对配送的管理就是在配送目标即满足一定的顾客服务水平与配送成本之间寻求平衡:在一定的配送成本下尽量提高顾客服务水平,或在一定的顾客服务水平下使配送成本最低。

1. 混合策略

混合策略是指配送业务一部分由企业自身完成。采用纯策略(即配送活动要么全部由企业自身完成,要么完全外包给第三方物流完成)易形成一定的规模经济,并使管理简化;但由于产品品种多变、规格不一、销量不等等情况,采用纯策略的配送方式超出一定程度不仅不能取得规模效益,反而还会造成规模不经济。而采用混合策略,即合理安排企业自身完成的配送和外包给第三方物流完成的配送,能使配送成本最低。例如,美国一家干货生产企业为满足遍及全美的1000家连锁店的配送需要,建造了6座仓库,并拥有自己的车队。随着经营的发展,企业决定扩大配送系统,计划在芝加哥投资7000万美元再建一座新仓库,并配以新型的物料处理系统。该计划提交董事会讨论时,却发现这样不仅成本较高,而且就算仓库建起来也还是满足不了需要。于是,企业把目光投向公共仓库的租赁,结果发现,如果企业在附近租用公共仓库,增加一些必要的设备,再加上原有的仓储设施,企业所需的仓储空间就足够了,其总投资只需20万元的设备购置费,10万元的外包运费,再加上租金,也远没有700万元。

2. 差异化策略

差异化策略的指导思想是:产品特征不同,顾客服务水平也不同。

当企业拥有多种产品线时,不能对所有产品都按同一标准的顾客服务水平来配送,而应按产品的特点、销售水平,来设置不同的库存、不同的运输方式以及不同的储存地点。忽视产品的差异性会增加不必要的配送成本。例如,一家生产化学品添加剂的公司,为降低成本,按各种产品的销售量比重进行分类:A类产品的销售量占总销售量的70%以上,B类产品占20%左右，C类产品则为10%左右。对A类产品，公司在各销售网点都备有库存，B类产品只在地区分销中心备有库存而在各销售网点不备有库存，C类产品连地区分销中心都不设库存，仅在工厂的仓库才有存货。经过一段时间的运作，证明这种方法是成功的，企业总的配送成本下降了20%之多。

3. 合并策略

合并策略包含两个层次，一是配送方法上的合并；另一个则是共同配送。

配送方法上的合并。企业在安排车辆完成配送任务时，充分利用车辆的容积和载重量，做到满载满装，是降低成本的重要途径。由于产品品种繁多，不仅包装形态、储运性能不一，在容重方面，也往往相差甚远。一车上如果只装容重大的货物，往往是达到了载重，但容积空余很多；只装容重小的货物，则看起来车装得满，实际上并未达到车辆载重。这两种情况都造成了浪费。实行合理的轻重配装、容积大小不同的货物搭配装车，就可以实现不仅在载重方面满载，而且充分利用车辆的有效容积的目的，取得最优效果。最好的方法是借助计算机计算货物配车的最优解。

4. 共同配送

共同配送是一种产权层次上的共享，也称集中协作配送。它是几个企业联合集小量为大量共同利用同一配送设施的配送方式，其标准运作形式是：在中心机构的统一指挥和调度下，各配送主体以经营活动（或以资产为纽带）联合行动，在较大的地域内协调运作，共同对某一个或某几个客户提供系列化的配送服务。这种配送有两种情况：一种是中小生产、零售企业之间分工合作实行共同配送，即在同一行业或在同一地区的中小型生产、零售企业单独进行配送的运输量少、效率低的情况下进行联合配送，这样不仅可减少企业的配送费用，配送能力得到互补，而且有利于缓和城市交通拥挤，提高配送车辆的利用率；另一种是几个中小型配送中心之间的联合，针对某一地区的用户，由于各配送中心所配物资数量少、车辆利用率低等原因，几个配送中心将用户所需物资集中起来，共同配送。

5. 延迟策略

传统的配送计划安排中，大多数的库存是按照对未来市场需求的预测量设置的，这样就存在着预测风险。当预测量与实际需求量不符时，就出现库存过多或过少的情况，从而增加配送成本。延迟策略的基本思想就是对产品的外观、形状及其生产、组装、配送应尽可能推迟到接到顾客订单后再确定。一旦接到订单就要快速反应，因此采用延迟策略的一个基本前提是信息传递要非常快。

一般说来，实施延迟策略的企业应具备以下几个基本条件：

① 产品特征:模块化程度高,产品价值密度大,有特定的外形,产品特征易于表述,定制后可改变产品的容积或重量。

② 生产技术特征:模块化产品设计、设备智能化程度高、定制工艺与基本工艺差别不大。

③ 市场特征:产品生命周期短、销售波动性大、价格竞争激烈、市场变化大、产品的提前期短。

实施延迟策略常采用两种方式:生产延迟(或称形成延迟)和物流延迟(或称时间延迟),而配送中往往存在着加工活动,所以实施配送延迟策略既可采用形成延迟方式,也可采用时间延迟方式。具体操作时,常常发生在诸如贴标签(形成延迟)、包装(形成延迟)、装配(形成延迟)和发送(时间延迟)等领域。美国一家生产金枪鱼罐头的企业就通过采用延迟策略改变配送方式,降低了库存水平。历史上这家企业为提高市场占有率曾针对不同的市场设计了几种标签,产品生产出来后运到各地的分销仓库储存起来。由于顾客偏好不一,同一产品的几种品牌经常出现某种品牌因畅销而缺货,而另一些品牌却滞销压仓。为了解决这个问题,该企业改变以往的做法,在产品出厂时都不贴标签就运到各分销中心储存,当接到各销售网点的具体订货要求后,才按各网点指定的品牌标志贴上相应的标签,这样就有效地解决了此缺彼涨的矛盾,从而降低了库存。

6. 标准化策略

标准化策略就是尽量减少因品种多变而导致的附加配送成本,尽可能多地采用标准零部件、模块化产品。如服装制造商按统一规格生产服装,直到顾客购买时才按顾客的身材调整尺寸大小。采用标准化策略要求厂家从产品设计开始就要站在消费者的立场去考虑怎样节省配送成本,而不要等到产品定型生产出来了才考虑采用什么技巧降低配送成本。

第三节 作业成本法的应用

物流作业成本法就是利用作业成本法的基本原理(图 5-1)对企业物流成本进行计算和控制的方法。物流作业成本法,简称物流 ABC,是以特定物流活动成本为核算对象,通过成本动因来确认和计算作业量,进而以作业量为基础分配间接费用的物流成本管理方法。物流 ABC 可以有效地划分成本的责任归属和成本的使用目的。作业成本划分如图 5-2 所示。

物流作业成本法是以作业为中心,通过对作业成本的确认和计量,对所有作业活动进行跟踪、动态反映,为尽可能消除"不增值作业",改进"可增值作业",及时提供有用的信息,促使损失、浪费减少到最低限度,提高决策、计划、控制的科学性和有效性,促进企业管理水平提高。因此,物流作业成本法不仅是物流成本核算方法,而且是一种物流成本控制和管理方法。

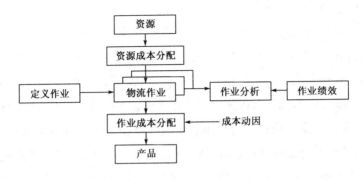

图 5-1 作业成本法原理图

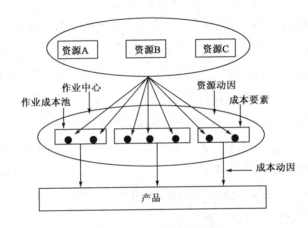

图 5-2 作业成本划分示意图

1. 物流作业成本法的优点

能反映物流作业的变化而计算物流成本;能更清楚地分析造成物流成本增加的原因,要求相应的责任人负担相应的成本部分,并且在物流绩效考核和物流定价中发挥更大的作用。

2. 物流作业成本法的必要性

应用物流作业成本法的必要性主要体现在以下几个方面:

①根据因果关系分配物流费用,提供了较为客观、真实的物流成本信息,及时提供了决策的相关信息。

②拓宽了物流成本核算的范围。物流作业成本法把作业、作业中心、顾客和市场纳入了成本核算的范围,形成了以作业为核心的成本核算对象体系。

③通过对成本动因的分析,揭示了物流资源耗费、物流成本发生的前因后果。从前因

看,成本是由作业引起的,而形成一个作业的必要性,要追踪到产品或服务的初始环节;从后果看,进行成本动因动态分析,可以提供有效信息,促进企业改进流程、提高作业完成的效率和质量水平,在所有环节上减少浪费,并尽可能降低资源消耗。

④有利于建立新的物流成本责任系统。企业的物流作业链同时也是一条责任链,以物流成本库为新的物流成本责任中心,分析评价该库中物流费用发生的合理性,以能否为最终产品(客户或服务合同)增加价值作为合理性的标准,建立责任系统,并按能否提高价值链的价值为依据进行业绩评价,充分发挥物流资源在价值链中的作用,以促进经济效益的提高。

⑤有利于加强物流成本控制。物流作业成本法以物流作业成本为对象,以每一物流作业的完成及其所耗资源为重点,以成本动因为基础,及时、有效地提供物流成本控制所需的相关信息,并以作业中心为基础,设置物流成本控制责任中心,将作业员工的奖惩与其作业责任成本控制直接挂钩,从而达到有效控制成本的目的。

⑥物流作业成本法能有效解决物流企业产品定价难的问题。作业成本法一个最大的特点就是可以将作业分析的观点应用于物流服务产品的定价决策。它不仅将成本的计算深入到作业层面,即分别对每一作业进行价值确认,计算出整体物流服务的成本,而且还能准确地计算出每个客户的服务成本及客户间的成本差异。这样,企业就可以获得可靠的产品成本信息。而产品的价格建立在产品成本的基础上,因而物流企业可以利用作业成本法合理制定出产品的价格,有效解决产品定价难的问题。此外,物流企业建立在供应链、服务链等作业链以及价值链的基础上,而在企业的作业链中,并非所有的作业链都能创造价值,因而物流企业非常有必要运用作业成本法对企业的"作业流程"进行根本的改造。因此,物流企业是最需要采用作业成本法的企业类型之一。

3. 物流作业成本法应用的可行性

①物流企业的间接费用在总成本中比例较高的特点与作业成本法适用的条件不谋而合。如前所述,物流企业的营运间接费用包含的项目范围很广、种类很多、在营运成本中所占比例也很大。例如物流企业的运输流程中,其运输作业如果以客户或者是服务合同为成本计算对象时,驾驶员的工资、福利费等支出,以及车辆消耗的燃油、轮胎、润滑油等均属于营运间接费用。在物流企业提供物流服务的过程中,不能归入直接人工和直接材料的费用支出还有很多,包括运输车辆的运营、维护,仓库的折旧,装卸、搬运、升降设备的折旧、维修,水、电、保安、物业管理及信息系统的开发维护等。

②物流企业小批次、个性化服务特点鲜明。物流企业不生产有形的产品,而是提供无形的物流服务,物流服务可以看作物流企业生产的产品。由于物流企业以物流合同或客户为成本计算对象,生产物流服务这一产品所消耗的直接人工和直接材料很少,它的成本几乎全

部由间接费用构成;物流服务产品的物化表现是企业与客户签订的合同,而且几乎没有两份完全相同的合同要求相同的服务,就是说物流服务产品生产的个性化极强。而作业成本法在产品(服务)品种结构复杂、工艺多变、经常发生调整生产作业的情况下优点特别突出。

③物流过程的可分解性。物流过程虽然复杂,但都可以分解为单独的活动(作业),比如可以把仓储分解为装卸、搬运、验收、加工、补货等,这为物流企业实施作业管理提供了可能。

4. 物流作业成本法的应用程序

作业成本法的理论基础是,产品消耗作业,作业消耗资源并导致成本的发生。作业成本法应用于物流业务时,突破了最终物流业务界限,而把成本核算深入到物流作业层次;以物流作业为单位归集成本,并把"物流作业成本池"的成本按物流作业动因分配到各项物流服务中去。应用作业成本法核算企业物流成本并进行管理,可分为如下步骤:

①界定物流作业。价值链的确定有助于识别活动的有效性,剔除无用活动和减少无效活动;在识别出价值链的基础上,确定作业链,最后确定组成作业链的活动(作业)。作业是作业成本法中的核心要素,往往分散在企业的组织结构中,因企业的规模、工艺和组织形式的不同而不同。按照物流系统运作中的各功能将作业划分为运输、装卸、包装、仓储、调度和信息处理等大的类别。各类作业还可以细分,例如仓储作业可以细化为订货接受、进货卸载、装运、进货检验、进货存储、包装及贴签、出货装载等明细作业,运输作业可以细化为将货物运送到客户处、空包装箱回运、在客户处卸载货物、中转等明细作业。

②确认企业物流系统中涉及的资源。物流资源是物流成本的源泉,活动消耗的资源包括人工、设施设备、能源等,具体来说包括固定资产费用(如车辆、库房等)、直接人工、直接材料、运输生产维持成本(如业务人员的工资成本)、间接费用(如管理人员的工资、低值易耗材料成本、车辆及运输保险费等)、运输过程以外的成本(如广告费用)等等。资源的界定是在作业界定的基础上进行的,每项作业必然涉及相关的资源,与作业无关的资源应从核算中剔除。

③确认资源动因,将资源分配到物流作业,计算作业成本。完成一项作业要消耗一定的资源,这种资源消耗与作业的关系称为资源动因,资源动因是分配作业所耗资源的依据,分配到作业的每一种资源就成为该作业成本中心的一项成本要素。譬如,分配养路费和油料消耗资源到各作业的资源动因可以为货物重量和里程。

④确认作业动因,将物流作业成本分配到物流服务中,计算服务或合同的物流成本

作业动因反映了成本对象对作业消耗的逻辑关系。例如,装运作业的成本动因可以为货物箱数,进货检验作业的成本动因可以为货物数量、供应商商誉等。

5. 应用物流作业成本法应该注意的两个问题

(1) 实行先进的计算机管理

由于物流企业的物流活动要形成完整的物流链过程,一般包括的环节主要有运输、仓储、装卸搬运、包装、配送、流通加工以及物流信息服务等。而每一环节,都会涉及若干不同的作业流程及大量的作业信息数据,要对这些繁杂的信息数据进行加工处理和分析,单靠手工处理是不能完成的,并且作业成本计算的实施成本很高,因而必须借助于计算机来完成。实现计算机在物流企业中的运用和逐渐普及,有利于企业运用作业成本法进行成本控制和管理。

(2) 培训并配备高素质的管理人才

从作业成本法的可行性角度出发,要想对企业的成本运用作业成本法进行控制,需要有高素质的人员进行配合,而目前我国物流企业的资金数量和人员素质都有待提高。只有进行物流企业人才培训,提高物流管理人员的整体素质,才能使作业成本法在物流企业中得到成功应用。

复 习 题

一、单项选择题

1. (   ) 指配送中心依据客户订单在组织配送运作过程中的劳动消耗和劳动占用所创造的物流价值的对比关系。

    A. 配送中心成本率   B. 配送中心绩效

    C. 配送中心作业效率   D. 配送中心价值

2. 下列各项中不是衡量进出货作业效率的指标是(   )。

    A. 站台使用率   B. 人员负担和时间耗用

    C. 库存周转率   D. 设备移动率

3. 衡量配送中心每单位存货库存管理费用的指标是(   )。

    A. 库存管理费率   B. 库存周转率

    C. 配送中心成本率   D. 物料消耗率

4. (   ) 是配送流程的中心环节,是依据客户的订货要求或配送中心的作业计划,准确、迅速地将商品从其储位或其他区域拣取出来的作业过程。

    A. 收货作业   B. 理货作业

        C. 拣货作业   D. 发货作业
5. (   )策略的指导思想是产品特征不同,顾客服务水平也不同。
        A. 差异化   B. 混合
        C. 合并   D. 延迟
6. 物流作业成本法就是利用作业成本法的基本原理对企业物流成本进行计算和控制的方法。物流作业成本法,简称物流(   )。
        A. OPT   B. ABC   C. JIT   D. MRP

二、多项选择题

1. 提高库存周转率的途径有(   )。
        A. 降低库存量   B. 增加出货量和营业额
        C. 缩短订货提前期,降低订货点   D. 运用 just-in-time 控制库存
        E. 选择最佳采购时机
2. 库存管理费用包括(   )。
        A. 仓库租金   B. 保险费
        C. 损耗费   D. 仓库管理费用
        E. 货品淘汰费用   F. 资金费用
3. 盘点误差产生的原因有(   )。
        A. 记账员的疏忽(看错字)   B. 盘点计数错误
        C. 单据遗失,进出货未过账   D. 捆扎包装错误
        E. 出入库作业时票据输入、检查点数错误
4. 提高拣取效率的方法有(   )。
        A. 合理规划拣货路径   B. 合理配置储位
        C. 确定合理的拣货方式   D. 拣货人员数量及工作安排
        E. 拣货的机械化、电子化
5. 可得性是指当顾客需要时,能够满足顾客需求的能力。衡量可得性一般采用(   )。
        A. 周转率   B. 订货完成率
        C. 缺货频率   D. 供应比率
        E. 资产负债率
6. 衡量配送中心作业绩效的指标包括(   )。
        A. 订发货周期   B. 一致性
        C. 灵活性   D. 故障与恢复

E. 计划性

三、判断题

1. 企业绩效评价内容重点在盈利能力、资产运营水平、偿债能力和发展能力等方面。
（　　）

2. 由于配送中心的主体不同、功能不同、规模不同、类别不同,因此各配送中心的作业流程方面完全不同。
（　　）

3. 库存周转率是单位时间的出库量与该期的平均库存量的比率,用以考核配送中心货品库存量是否恰当。
（　　）

4. 企业在安排车辆完成配送任务时,要充分利用车辆的容积,将车厢装满是降低成本的重要途径。
（　　）

5. 物流作业成本法不仅是物流成本核算方法,而且是一种物流成本控制和管理方法。
（　　）

单元六
配送知识储备与能力拓展

【知识目标】

1. 掌握重心法原理和模糊评价法原理;
2. 理解共同配送的基本模式;
3. 理解越库配送的概念及方式。

【能力目标】

1. 能够熟练应用重心法和模糊评价法进行配送中心选址;
2. 能够依据资料制订简单的共同配送方案;
3. 能够准确阐述越库配送过程中要注意的问题。

第一节 配送中心选址

配送中心选址常用的方案主要有两种:一种是重心法。因其选址结果是地图上的一个"点",且只考虑运输费用最低这一变动成本因素,不考虑土地等固定成本因素,故将其选址过程称为"宏观选址"。另一种是模糊评价法。因其是对具体候选地的各种因素如土地、交通设施、基础设施、经营环境等进行充分考虑,在综合评价的基础上优选出某一具体候选地作为配送中心建设地址,故将其选址过程称为"微观选址"。

一、配送中心宏观选址——重心法

1. 重心法的概念

重心法(The Centre-of-gravity Method)是一种设置单个配送中心或仓库的方法,这种方法主要考虑的因素是现有设施之间的距离和要运输的货物量,经常用于中间仓库或配送中心的选择。商品运输量是影响商品运输费用的主要因素,配送中心尽可能接近运量较大的网点,从而使较大的商品运量走相对较短的路径,就是求出本地区实际商品运量的重心所在的位置。

2. 重心法的假设条件

重心法是在理想条件下求出的配送中心位置,但模型中的假设条件在实际应用中会受到一定的限制。重心法计算中简化的假设条件包括以下几方面:

①模型常常假设需求量集中于某一点,而实际上的需求来自分散于特定区域内的多个消费点。

②模型没有区分在不同地点建设配送中心所需的资本成本,以及与在不同地点经营有关的其他成本的差别,而只计算运输成本。

③运输成本在公式中是以线性比例随距离增加的,而运费是由不随运距变化的固定部分和随运距变化的可变部分组成。

④模型中仓库与其他网络节点之间的路线通常假定为直线。而应该选用的是实际运输所采用的路线。

⑤模型未考虑企业经营造成的未来收入和成本的变化,保证了决策环境的相对静止。

上述假设条件是为了简化模型,方便模型的建立和运算,但这种简化并不意味着模型没有了使用价值。如果简化后的选址模型对选址结果的建议影响很小或者根本没有影响,那么简化后的模型比复杂模型更具有使用价值。

3. 重心法模型

(1)重心法基本原理

$$运输成本 = 运价 \times 周转量 = 运价 \times 运距 \times 运量$$

$$\text{Min}(运输成本) = \sum(运价 \times 运距 \times 运量) \tag{6-1}$$

假设:F 为运输成本;C 为运价;W 为运量;H 为运距;

则:

$$F_i = C_i W_i H_i$$

$$\text{Min}(F_j) = \sum_{j=1}^{n} c_j w_j h_j \tag{6-2}$$

(2)重心法模型建立

重心法模型需求点分布图如图6-1所示,有 n 个用户($C_1 \sim C_n$)的系统需要设置一个配送中心(B_0),每个用户的需求量和所在位置的坐标已知,求配送中心的规模和设置位置。

由于只设置一个配送中心,所以配送中心的规模等于所有用户的需求量之和即可。

图中 $C_1 \sim C_n$ 旁括号内的变量分别表示需求量、横坐标、纵坐标,B_0 旁括号内的变量分别表示预定配送中心的横坐标、纵坐标。

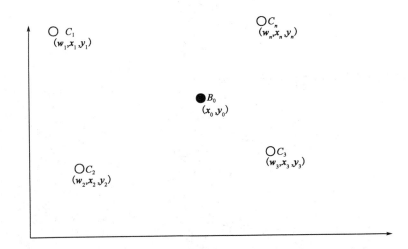

图 6-1　重心法模型需求点分布图

设配送中心到各用户的运输费用率为 c_j，费用为 F_j，则

$$F_i = C_i W_i H_i$$

配送中心到各客户之间的距离如下：

$$h_j = k\sqrt{(x_j - x_0)^2 + (y_j - y_0)^2} \tag{6-3}$$

式中：k——距离换算系数，为常数。

配送中心到各客户之间的运输费用之和为：

$$\mathrm{Min}(F_j) = \sum_{j=1}^{n} c_j w_j h_j = \sum_{j=1}^{m} c_j w_j k\sqrt{(x_j - x_0)^2 + (y_j - y_0)^2}$$

为使 F 最小，分别对 x_0, y_0 求偏导数，并令其等于零，得：

$$\frac{\partial F}{\partial x_0} = \sum_{j=1}^{n} \frac{c_j w_j (x_0 - x_j)}{h_j} = 0$$

$$\frac{\partial F}{\partial y_0} = \sum_{j=1}^{n} \frac{c_j w_j (y_0 - y_j)}{h_j} = 0$$

得：

$$x_0 = \frac{\sum_{j=1}^{n} \dfrac{c_j w_j x_j}{h_j}}{\sum_{j=1}^{n} \dfrac{c_j w_j}{h_j}} \tag{6-4}$$

$$y_0 = \frac{\sum_{j=1}^{n} \frac{c_j w_j y_j}{h_j}}{\sum_{j=1}^{n} \frac{c_j w_j}{h_j}} \qquad (6-5)$$

解以上两式可得配送中心最佳位置的坐标为：

$$x_0^* = \frac{\sum_{j=1}^{n} \frac{c_j w_j x_j}{h_j}}{\sum_{j=1}^{n} \frac{c_j w_j}{h_j}} \qquad (6-6)$$

$$y_0^* = \frac{\sum_{j=1}^{n} \frac{c_j w_j y_j}{h_j}}{\sum_{j=1}^{n} \frac{c_j w_j}{h_j}} \qquad (6-7)$$

上述两式中含有 h_j，当配送中心位置尚未确定时，h_j 是未知数。要从两式中完全消除 x_0 和 y_0，计算工作很复杂，因此采取迭代方法求解。

迭代计算的步骤：

第一步，不考虑距离（h_j），求出一个虚拟的位置（$x_0;y_0$）。

第二步，根据虚拟配送中心的位置坐标求出 h_j 和 F_0。

第三步，将 h_j 带回公式，求出修正后的位置（$x_1;y_1$），求出 F_1。

第四步，比较 F_0 和 F_1，如果 $F_0 < F_1$，则可以认为坐标位置（$x_0;y_0$）即为配送中心目标位置；如果 $F_0 > F_1$，则需重复第三步，直到 $F_{n+1} > F_n$。

4. 重心法评价及适用范畴

重心法在配送中心选址中的应用是有局限性的，并不适合所有的选址问题，其主要适用于单一配送中心选址。重心法是解决只设置单一配送中心的简单模型，是一种连续模型，对于离散模型来说，对配送中心选择不加限制，有自由选择的长处。但是，从另一方面来看，重心法模型的自由度多也是一种缺点，因为由迭代法求出的最佳地点实际上很难找到，有时即使找到也不具有实际应用的价值。因为通过迭代计算得出的最佳地点可能处于江河湖泊之中、繁华闹市区或者其他不切实的环境恶劣地区。另外，运用重心法模型进行配送中心选择时必须假设需求量集中于某一点上，而实际上需求来自分布在广阔的空间范围内的多个需求点上。

利用重心法进行配送中心选址决策过程中，我们所使用的需求量可以是历史数据也可以是预测数据。而且确定决策所依据的数据后，整个决策过程中这些数据都应保持不变。

因此,重心法实际上只是针对静止状态来选择配送中心的位置。重心法假设运输成本与运输距离呈正比例变化,而运输距离又采用的是欧式距离,即需求点与配送中心之间的运输是直线运输,而一个城市的交通状况相对复杂,街区、道路、立交桥的存在使配送运输难以实现直线运输。但是针对城市的配送运输,可以近似的认为运输是以直线运输为主。综上所述,利用重心法进行区域配送中心选址要比城市配送中心选址更有利。在城市配送中心和供应商之间建设几个区域配送中心来提高企业配送作业效率是大型流通企业和连锁企业的必然选择,而使用重心法来完成区域配送中心的选址是非常可行的。重心法虽然只适合于单一配送中心选址,如果有效地借助"聚类法"也可以实现在同一个地区建立二个或者多个配送中心。"聚类法"可以根据距离最近的原则将企业的市场进行分区,划分的子市场数与企业规划建设的配送中心数相等,这样就可以在每个子市场区域内进行单一配送中心选址。

5. 基于重心法的M配送中心宏观选址分析

M物流集团有限公司成立于2001年12月,位于F市FX经济开发区内,注册资本2.5亿元人民币,现有员工4510多人,已在全国各地设立127个驻外机构,仓储总面积35万m^2,自有车辆1540部,年运力358万t。

公司通过ISO9001:2008质量管理体系认证,系全国道路货运二级企业、国家AAAAA级综合型物流企业。公司以F市为总部基地,以珠三角、长三角为发展重心,拥有朝气蓬勃、勇于创新的管理团队和员工队伍,功能齐全的车辆维护、检测机构,完善的司机车技安全培训及保障机制,并开发使用全国信息管理平台,配备了先进的车辆GPS卫星动态跟踪系统,具备了高效的物流服务运营能力。

公司坚持"珍惜所托,一如亲送"的服务宗旨,以标准化、个性化的物流解决方案,为广大客户提供仓储、运输、配送、多式联运等综合物流服务,是冠捷、东南电化、华映光电、日立、三星、蒙牛、神州数码、戴尔电脑、中铝瑞闽等知名企业的主要物流合作伙伴,服务水平深得社会各界和广大客户的广泛认可和信赖。公司立足于全国性综合物流服务发展战略,重点建设苏州、厦门、上海、京津、广州、武汉六大物流基地。

公司在进行京津地区战略布局时,首先在P_1,P_2,P_3,P_4,P_5五个城市建立了分公司,服务于当地客户群。随着公司业务发展,为了再进一步控制成本,提高客户服务水平,公司决定在此区域内建设一个区域配送中心服务于P_1,P_2,P_3,P_4,P_5五个城市的配送中心,选址过程分为两步,首先明确区域配送中心的建设目标城市,然后对目标城市的可用地进行详细的调研,形成若干选址方案,再进行综合评估得到最佳建设位置。各需求点信息如表6-1所示。

需求点已知信息　　　　　　　　　　　　　表6-1

需求点(i)	运输总量 V	运价 R	坐标 x_i	坐标 y_i
P_1	2000	0.5	3	8
P_2	3000	0.5	8	2
P_3	2500	0.75	2	5
P_4	1000	0.75	6	10
P_5	1500	0.75	8	8

解决方案如下：

首先，根据重心法公式求出待选配送中心的初始坐标(x_0, y_0)，因为目前配送中心位置尚未确定，则先忽略配送中心至需求点之间的距离d_i。

$$x_0 = \frac{\sum_{i=1}^{n} R_i V_i X_i}{\sum_{i=1}^{n} R_i V_i}$$

$$= \frac{2000 \times 0.5 \times 3 + 3000 \times 0.5 \times 8 + 2500 \times 0.75 \times 2 + 1000 \times 0.75 \times 6 + 1500 \times 0.75 \times 8}{2000 \times 0.5 + 3000 \times 0.5 + 2500 \times 0.75 + 1000 \times 0.75 + 1500 \times 0.75}$$

$$= \frac{32250}{6250} = 5.16$$

$$y_0 = \frac{\sum_{i=1}^{n} R_i V_i Y_i}{\sum_{i=1}^{n} R_i V_i}$$

$$= \frac{2000 \times 0.5 \times 8 + 3000 \times 0.5 \times 2 + 2500 \times 0.75 \times 5 + 1000 \times 0.75 \times 10 + 1500 \times 0.75 \times 8}{2000 \times 0.5 + 3000 \times 0.5 + 2500 \times 0.75 + 1000 \times 0.75 + 1500 \times 0.75}$$

$$= \frac{36875}{6250} = 5.9$$

其次，根据求出的配送中心初始坐标(x_0, y_0)，计算出配送中心初始位置与各需求点之间的距离d_i，如下：

$$d_i = [(X_i - x)^2 + (Y_i - y)^2]^{\frac{1}{2}}$$

得出配送中心至各需求点之间的距离，如表6-2所示。

位置(5.16,5.9)至各需求点的距离　　　　　　　表6-2

d_1	d_2	d_3	d_4	d_5
3.01	4.82	3.29	4.19	3.53

求得配送成本为：

$$TC_0 = \sum_{i=1}^{n} V_i R_i d_i = 2000 \times 0.5 \times 3.01 + 3000 \times 0.5 \times 4.82 + 2500 \times 0.75 \times 3.29 +$$
$$1000 \times 0.75 \times 4.19 + 1500 \times 0.75 \times 3.53 = 23522.5$$

第一次迭代求出修正后的配送中心的位置坐标(x_1, y_1)，将d_i带入，得：

$$x_1 = \frac{\sum_{i=1}^{n} \frac{R_i V_i X_i}{d_i}}{\sum_{i=1}^{n} \frac{R_i V_i}{d_i}}$$

$$= \frac{\dfrac{2000 \times 0.5 \times 3}{3.01} + \dfrac{3000 \times 0.5 \times 8}{4.82} + \dfrac{2500 \times 0.75 \times 2}{3.29} + \dfrac{1000 \times 0.75 \times 6}{4.19} + \dfrac{1500 \times 0.75 \times 8}{3.53}}{\dfrac{2000 \times 0.5}{3.01} + \dfrac{3000 \times 0.5}{4.82} + \dfrac{2500 \times 0.75}{3.29} + \dfrac{1000 \times 0.75}{4.19} + \dfrac{1500 \times 0.75}{3.53}}$$

$$= \frac{8250}{1711} = 4.82$$

$$y_1 = \frac{\sum_{i=1}^{n} \frac{R_i V_i Y_i}{d_i}}{\sum_{i=1}^{n} \frac{R_i V_i}{d_i}}$$

$$= \frac{\dfrac{2000 \times 0.5 \times 8}{3.01} + \dfrac{3000 \times 0.5 \times 2}{4.82} + \dfrac{2500 \times 0.75 \times 5}{3.29} + \dfrac{1000 \times 0.75 \times 10}{4.19} + \dfrac{1500 \times 0.75 \times 8}{3.53}}{\dfrac{2000 \times 0.5}{3.01} + \dfrac{3000 \times 0.5}{4.82} + \dfrac{2500 \times 0.75}{3.29} + \dfrac{1000 \times 0.75}{4.19} + \dfrac{1500 \times 0.75}{3.53}}$$

$$= \frac{10469}{1711} = 6.12$$

求出配送中心新位置$(4.82, 6.12)$与各需求点之间的距离

$$d_i = [(X_i - x)^2 + (Y_i - y)^2]^{\frac{1}{2}}$$

得出配送中心至各需求点之间的距离，如表6-3所示。

位置(4.82,6.12)至各需求点的距离　　　　表6-3

d_1	d_2	d_3	d_4	d_5
2.62	5.20	3.03	4.06	3.69

求出配送中心新位置$(4.82, 6.12)$的配送成本：

$$TC_1 = \sum_{i=1}^{n} V_i R_i d_i = 2000 \times 0.5 \times 2.62 + 3000 \times 0.5 \times 5.20 + 2500 \times 0.75 \times 3.03 +$$

$$1000 \times 0.75 \times 4.06 + 1500 \times 0.75 \times 3.69 = 23297.5$$

将所求出的两个配送总成本进行对比:

$$TC_0 = 23522.5 > TC_1 = 23297.5$$

则配送中心新位置(4.82,6.12)不是最优解,需继续迭代。

重复上述步骤,求出:

$$x_2 = \frac{\sum_{i=1}^{n} \frac{R_i V_i X_i}{d_i}}{\sum_{i=1}^{n} \frac{R_i V_i}{d_i}}$$

$$= \frac{\dfrac{2000 \times 0.5 \times 3}{2.62} + \dfrac{3000 \times 0.5 \times 8}{5.20} + \dfrac{2500 \times 0.75 \times 2}{3.03} + \dfrac{1000 \times 0.75 \times 6}{4.06} + \dfrac{1500 \times 0.75 \times 8}{3.69}}{\dfrac{2000 \times 0.5}{2.62} + \dfrac{3000 \times 0.5}{5.20} + \dfrac{2500 \times 0.75}{3.03} + \dfrac{1000 \times 0.75}{4.06} + \dfrac{1500 \times 0.75}{3.69}}$$

$$= \frac{8238}{1779} = 4.63$$

$$y_2 = \frac{\sum_{i=1}^{n} \frac{R_i V_i Y_i}{d_i}}{\sum_{i=1}^{n} \frac{R_i V_i}{d_i}}$$

$$= \frac{\dfrac{2000 \times 0.5 \times 8}{2.62} + \dfrac{3000 \times 0.5 \times 2}{5.20} + \dfrac{2500 \times 0.75 \times 5}{3.03} + \dfrac{1000 \times 0.75 \times 10}{4.06} + \dfrac{1500 \times 0.75 \times 8}{3.69}}{\dfrac{2000 \times 0.5}{2.62} + \dfrac{3000 \times 0.5}{5.20} + \dfrac{2500 \times 0.75}{3.03} + \dfrac{1000 \times 0.75}{4.06} + \dfrac{1500 \times 0.75}{3.69}}$$

$$= \frac{11011}{1779} = 6.18$$

得出新的配送中心位置(4.63,6.18)。

求出配送中心新位置(4.63,6.18)与各需求点之间的距离:

$$d_i = [(X_i - x)^2 + (Y_i - y)^2]^{\frac{1}{2}}$$

得出配送中心至各需求点之间的距离如表6-4所示。

位置(4.63,6.18)至各需求点的距离 表6-4

d_1	d_2	d_3	d_4	d_5
2.44	5.37	2.88	4.06	3.83

求出配送中心新位置(4.63,6.18)的配送成本：

$$TC_2 = \sum_{i=1}^{n} V_i R_i d_i = 2000 \times 0.5 \times 2.44 + 3000 \times 0.5 \times 5.37 + 2500 \times 0.75 \times 2.88 +$$
$$1000 \times 0.75 \times 4.06 + 1500 \times 0.75 \times 3.83 = 23248.75$$

将位置(4.82,6.12)和位置(4.63,6.18)两配送总成本进行对比：

$$TC_1 = 23297.5 > TC_2 = 23248.75$$

则：配送中心新位置(4.63,6.18)也不是最优解，需继续迭代。

重复上述步骤，求出：

$$x_3 = \frac{\sum_{i=1}^{n} \frac{R_i V_i X_i}{d_i}}{\sum_{i=1}^{n} \frac{R_i V_i}{d_i}}$$

$$= \frac{\dfrac{2000 \times 0.5 \times 3}{2.44} + \dfrac{3000 \times 0.5 \times 8}{5.37} + \dfrac{2500 \times 0.75 \times 2}{2.88} + \dfrac{1000 \times 0.75 \times 6}{4.06} + \dfrac{1500 \times 0.75 \times 8}{3.83}}{\dfrac{2000 \times 0.5}{2.44} + \dfrac{3000 \times 0.5}{5.37} + \dfrac{2500 \times 0.75}{2.88} + \dfrac{1000 \times 0.75}{4.06} + \dfrac{1500 \times 0.75}{3.83}}$$

$$= \frac{8224}{1819} = 4.52$$

$$y_3 = \frac{\sum_{i=1}^{n} \frac{R_i V_i Y_i}{d_i}}{\sum_{i=1}^{n} \frac{R_i V_i}{d_i}}$$

$$= \frac{\dfrac{2000 \times 0.5 \times 8}{2.44} + \dfrac{3000 \times 0.5 \times 2}{5.37} + \dfrac{2500 \times 0.75 \times 5}{2.88} + \dfrac{1000 \times 0.75 \times 10}{4.06} + \dfrac{1500 \times 0.75 \times 8}{3.83}}{\dfrac{2000 \times 0.5}{2.44} + \dfrac{3000 \times 0.5}{5.37} + \dfrac{2500 \times 0.75}{2.88} + \dfrac{1000 \times 0.75}{4.06} + \dfrac{1500 \times 0.75}{3.83}}$$

$$= \frac{11290}{1819} = 6.20$$

得出新的配送中心位置(4.52,6.20)。

求出配送中心新位置(4.52,6.20)与各需求点之间的距离

$$d_i = [(X_i - x)^2 + (Y_i - y)^2]^{\frac{1}{2}}$$

得出配送中心至各需求点之间的距离如表6-5所示。

位置(4.52,6.20)至各需求点的距离　　　　　　　表6-5

d_1	d_2	d_3	d_4	d_5
2.36	5.45	2.79	4.08	3.92

求出配送中心新位置(4.52,6.20)的配送成本：

$$TC_3 = \sum_{i=1}^{n} V_i R_i d_i = 2000 \times 0.5 \times 2.36 + 3000 \times 0.5 \times 5.45 + 2500 \times 0.75 \times 2.79 +$$
$$1000 \times 0.75 \times 4.08 + 1500 \times 0.75 \times 3.92 = 23236.25$$

将位置(4.42,8.03)和位置(4.52,6.20)两配送总成本进行对比：

$$TC_2 = 23248.75 > TC_3 = 23236.25$$

从以上分析步骤中可以看出，配送总成本随着配送中心位置的变化在不断降低，但两位置的成本差也在不断地缩小。为了简化迭代法的计算过程，我们可以设置一个标准，如当两配送中心位置成本差小于20时，可将此差忽略，近似地认为两成本相等，则停止迭代。

如：$TC_2 - TC_3 = 23248.75 - 23236.25 = 12.5$

则可以认为，位置(4.42,8.03)为最佳配送中心建设位置。

二、配送中心微观选址——模糊评价法

重心法选址所考虑的因素主要是配送运输成本最低、配送运输距离最短或者配送周转量最小。但是在配送中心具体选址时，还要考虑自然环境、经营环境、基础设施条件以及土地条件等因素，而且为了能够找到最合适的位置建设配送中心，通常要在多个候选地块中进行优选，常使用的方法是"模糊评价法"。重心法选址适合于在一个较大的范围内将配送中心定位在一个"点"上，比如在地图上将配送中心定位在某一城市所处的点上。所以，重心法适合于配送中心"宏观选址"，以确定配送中心的"点"位置，"模糊评价法"适合于"微观选址"，以确定配送中心的具体位置，即确定配送中心建设在某一具体地块之上。

1. 模糊评价法选址的相关问题

1) 模糊评价法的概念

模糊评价法是一种适合于配送中心精确选址的建模方法，是一种定性与定量相结合的选址评价方法。尤其是多层次模糊综合评价方法，其通过分析各因素之间的关系，可以得到合理的配送中心的位置。其基本原理是：在全面考虑影响配送中心选址影响因素的基础上，粗选出若干个可供选择的地块，进而借助模糊评价等数学方法进行量化比较，最终得出一个精确、合理、经济的优选方案。

2) 运用"模糊评价法"进行配送中心选址的原则

(1) 经济性原则

配送中心费用主要包括两部分：一是前期建设费用，如土地、设施、设备、工具器具以及管理系统等费用；二是后期运营费用，如水电暖费用、人工费用以及配送运输费用等。配送中心建设选址不同，则其建设费用和运营费用也会存在较大的差异。如配送中心的选址定在市区、近郊区还是远郊区，其未来物流活动辅助设施的建设规模及建设费用，以及运输等物流费用是不同的。选址时应以总费用最低作为配送中心选址的经济性原则。

(2) 协调性原则

配送中心选址应将社会物流网络作为一个大系统来考虑，使配送中心的固定设施与活动设备之间、自有设施与公共设施之间，在地域分布、物流作业生产力、技术水平等方面相互协调。

(3) 适应性原则

配送中心的选址须与所处区域经济的发展方针、政策相适应，与国家经济发展战略布局相适应，与我国物流资源分布和需求分布相适应，与国民经济和社会发展相适应，如天津滨海新区所形成的物流圈。

(4) 战略性原则

配送中心选址应具有战略眼光，一是要考虑全局性，二是要考虑长远性。局部需要服从全局需要，眼前利益要服从长远利益，既要考虑眼前实际需要，又要考虑日后发展的可能。

3) 运用"模糊评价法"进行配送中心选址所应考虑的因素

由于配送中心建设用地面积较大，对交通条件要求较高，并且要求接近客户等特性和功能，这就决定了配送中心必须建立在城市郊区，即交通便利、面积较大的地方。因此配送中心在选址建设时要充分考虑土地因素、自然环境因素、经营环境因素、交通运输因素、法律法规因素以及其他环境保护等因素。

(1) 土地因素

土地因素主要包括候选地地价、候选地面积以及候选地形状等。

候选地地价：配送中心的成本中土地成本占有很大的比重，所以地价的高低将直接影响配送中心的选址及网点布局。同时，不同的地区经济发展规划不同、招商引资政策不同，导致物流企业拿地条件完全不同。如有些地区为鼓励规模物流企业进驻，会以较为低廉的价格向物流企业转让土地。

候选地面积：作为配送中心候选地的面积不宜过小，否则会影响配送中心的规模性。

候选地形状：配送中心应该选择地势较高、地形平坦，且应具有适当的面积与外形，适宜建筑的地形。完全平坦的地形是最理想的，其次应选择稍有坡度或起伏的地方，对于山区陡坡地区应该完全避开。在外形上可选择长方形,不宜选择狭长或不规则形状。

(2)自然环境因素

气象条件:配送中心选址过程中,主要考虑的气象条件有湿度、温度、风力、风向、降水量、无霜期、日照等指标。如选址时要避开风口,因为在风口建设配送中心会加速露天堆放商品的老化。

地质条件:配送中心是大量商品的集合地,如果配送中心地面以下存在着淤泥层、流沙层、松土层等不良地质条件,这会在受压的地段造成沉陷、翻浆等严重后果。为此,配送中心选址时,其地质条件应该符合建筑承载力的要求。

水文条件:配送中心选址需要远离容易泛滥的河川流域和上溢地下水的地区。选址调研时要认真考察近年的水文资料,地下水位不能过高。如洪泛区、内涝区、故河道、干河滩等区域应禁止使用。

(3)经营环境因素

经营环境:配送中心所在地区的物流产业优惠政策对物流企业的经济效益有着重要的影响。同时,数量充足和素质较高的劳动力条件也是物流配送中心选址考虑的因素之一。

物流费用:物流费用是配送中心选址的重要因素之一。大多数配送中心选择接近物流服务需求地点,比如接近大型工业、商业区,可以缩短运输距离,降低运费等物流费用。

商品特性:经营不同类型商品的配送中心应该根据商品的特性进行选址。即物流配送中心的选址应与所在区域的产业结构、产品结构、工业布局紧密结合考虑。如当配送中心主要服务产品为原材料时,或者当其生产过程中产生了无用处的副产品时,配送中心应趋向于接近原材料产地,否则,应接近于市场。

服务水平:服务水平是配送中心选址的考虑因素之一。由于现代物流过程中能否实现准时的送达是衡量配送服务水平高低的重要指标之一,因此,在配送中心选址时,应保证客户可在任何时间向配送中心提出物流需求,且都能获得快速满意的服务。

(4)交通运输因素

运输是物流的核心功能要素之一,而运输成本则是选址的主要决定因素之一。配送中心选址时,必须具备方便的交通运输条件。配送中心的出入库成本占到配送总成本的50%~60%,交通运输情况的好坏直接影响配送中心的日常运营。因此,配送中心的选址最好靠近交通枢纽,如交通主干道枢纽(国道两侧、高速公路出入口),铁路编组站或者港口、机场、码头等,方便两种以上运输方式的联结。

(5)法律法规因素

配送中心的选址应符合国家的法律法规要求,其选址应该在国家法律法规允许的范围之内,符合国家对物流设施标准、工人劳动条件、环境保护等条件的要求。

(6)其他因素

例如环境保护要求,物流配送中心的选址需要考虑保护自然环境与人文环境等因素,尽可能减少对居民生活的干扰。对于大型转运枢纽,应适当设置在远离市中心的地方,使得城市交通环境状况能够得到改善,城市的生态建设得以维持和增进。还要考虑到竞争因素等,配送中心选址时应考虑所在区域竞争企业已有和将要建设的物流设施。

2. 模糊评价法在配送中心选址中的应用

M物流有限公司利用重心法原理将配送中心确定在位置(4.47,6.06),而此位置在地图上的真实地址是B市。M物流有限公司对B市周边可用土地资源进行了详细调查,最终确定了6块候选地。6块候选地的调研资料如表6-6所示。

候选地的调研表　　　　　　　　　　　表6-6

评价因素		候选地	1号地	2号地	3号地	4号地	5号地	6号地
土地因素 G_1 (0.4)		候选地地价(万元) G_{11}(0.3)	16	18	21	15	19	20
		候选地面积(万 m^2) G_{12}(0.2)	500	400	350	240	320	280
		候选地形状 G_{13}(0.1)	矩形	矩形	矩形	矩形	三角形	三角形
	基础设施 G_{14} (0.4)	三供(水、电、气) G_{141}(0.6)	水电气设施齐备					未开发
		废物处理 G_{142}(0.4)	建设完成垃圾处理系统					未开发
自然环境 G_2 (0.05)		气象条件 G_{21} (1/3)	好	好	好	好	好	好
		地质条件 G_{22} (1/3)	好	较好	一般	好	较好	一般
		水文条件 G_{23} (1/3)	较好	好	好	一般	一般	较好
经营环境 G_3 (0.1)			好	较好	较好	一般	好	一般
至高速公路出口距离(km) G_4 (0.3)			3	12	5	8	10	7
优惠政策 G_5 (0.15)			有	无	无	有	有	有

解决方案如下:

1)确认对象集、因素集和决断集

评价指标因素集 G 可分为三层。

第一层:$G = \{G_1, G_2, G_3, G_4, G_5\}$

第二层:$G_1 = \{G_{11}, G_{12}, G_{13}, G_{14}\}$

$G_2 = \{G_{21}, G_{22}, G_{23}\}$

第三层:$G_{14} = \{G_{141}, G_{142}\}$

6个候选地址即为决断集 $V = \{A, B, C, D, E, F\}$ 代表6个不同的候选地址。通过对这6个候选地址的调查分析,可得到每个候选地址所对应的各项因素的相应评判值,评价标准方法如表6-7所示,采用6分制。

候选地址各因素评价方法 表6-7

评价因素		候选地	1号地	2号地	3号地	4号地	5号地	6号地
土地因素 G_1 (0.4)		候选地地价(万元) G_{11}(0.3)	以价格低为优,最高6分,最低1分					
		候选地面积(万 m^2) G_{12}(0.2)	以面积大为优					
		候选地形状 G_{13}(0.1)	矩形最优,易于布局					
	基础设施 G_{14} (0.4)	三供(水、电、气) G_{141}(0.6)	通三供为6分,未通2分					
		废物处理 G_{142}(0.4)	建有废物处理系统6分,未建2分					
自然环境 G_2 (0.05)		气象条件 G_{21} (1/3)	按"好"、"较好"、"一般"三级打分					
		地质条件 G_{22} (1/3)	按"好"、"较好"、"一般"三级打分					
		水文条件 G_{23} (1/3)	按"好"、"较好"、"一般"三级打分					
经营环境 G_3(0.1)			按"好"、"较好"、"一般"三级打分					
至高速公路出口距离(km) G_4(0.3)			按至高速公路出口距离远近打分,近者优					
优惠政策 G_5(0.15)			按有无相应的税收或者其他的优惠政策打分,分"有"、"无"两级					

将数据进行处理后得到诸因素的模糊综合评判值,如表6-8所示。

模糊综合评判表　　　　　表6-8

因　　素	A	B	C	D	E	F
候选地地价	5	4	1	6	3	2
候选地面积	1	2	3	6	4	5
候选地形状	6	6	6	6	4	4
三供(水、电、气)	6	6	6	6	6	2
废物处理	6	6	6	6	6	6
气象条件	6	6	6	6	6	6
地质条件	6	4	2	6	4	2
水文条件	4	6	6	2	2	4
经营环境	6	4	4	2	6	2
距高速公路出口距离	6	1	5	3	2	4
优惠政策	6	1	1	6	6	6

2) 确定因素集的模糊权重向量 K

评价因素集中的每个因素在"评价目标"中有不同的地位和作用,即各评价因素在综合评价中占有不同的比重,这个比重我们称之为权重值,本模型最终的权重确定结果如下:

$$K_{14} = \{0.6, 0.4\}$$

$$K_1 = \{0.3, 0.2, 0.1, 0.4\}$$

$$K_2 = \left\{\frac{1}{3}, \frac{1}{3}, \frac{1}{3}\right\}$$

$$K = \{0.4, 0.05, 0.1, 0.3, 0.15\}$$

3) 进行模糊评价

通过模糊评价获得综合评价矩阵 R,进行复合运算 $L = G \times R$ 可得到综合评价结果。

(1) 分层判断

$G_{14} = \{G_{141}, G_{142}\}$,权重 $K_{14} = \{0.6, 0.4\}$,由表6-8对 G_{141}, G_{142} 的模糊评判构成单因素评判矩阵:

$$R_{14} = \begin{Bmatrix} 6 & 6 & 6 & 6 & 6 & 2 \\ 6 & 6 & 6 & 6 & 6 & 2 \end{Bmatrix}$$

采用加权平均型 M(×, +)模型,即 $L_i = \sum_{i=1}^{n}(K_i \times R_i)$ 计算得:

$$L_{14} = \sum_{i=1}^{n}(K_{14} \times R_{14})$$

$$L_{14} = \{6,6,6,6,6,2\}$$

同理:

$$L_1 = \sum_{i=1}^{n}(K_1 \times R_1)$$

$$R_1 = \begin{Bmatrix} 5 & 4 & 1 & 6 & 3 & 2 \\ 1 & 2 & 3 & 6 & 4 & 5 \\ 6 & 6 & 6 & 6 & 4 & 4 \\ 6 & 6 & 6 & 6 & 6 & 2 \end{Bmatrix}$$

$$K_1 = \{0.3, 0.2, 0.1, 0.4\}$$

则:

$$L_1 = \{4.7, 4.6, 3.9, 6, 4.5, 2.8\}$$

$$L_{21} = \sum_{i=1}^{n}(K_2 \times R_2)$$

$$R_2 = \begin{Bmatrix} 6 & 6 & 6 & 6 & 6 & 6 \\ 6 & 4 & 2 & 6 & 4 & 2 \\ 4 & 6 & 6 & 2 & 2 & 4 \end{Bmatrix}$$

$$K_2 = \left\{\frac{1}{3}, \frac{1}{3}, \frac{1}{3}\right\}$$

$$L_1 = \{5.3, 5.3, 4.7, 4.7, 4, 4\}$$

(2)高层次综合评判

$$R = \begin{Bmatrix} 4.7 & 4.6 & 3.9 & 6 & 4.5 & 2.8 \\ 5.3 & 5.3 & 4.7 & 4.7 & 4 & 4 \\ 6 & 4 & 4 & 2 & 6 & 2 \\ 6 & 1 & 5 & 3 & 2 & 4 \\ 6 & 1 & 1 & 6 & 6 & 6 \end{Bmatrix}$$

$$K = \{0.4, 0.05, 0.1, 0.3, 0.15\}$$

$$L = \sum_{i=1}^{n}(K_i \times R_i)$$

$$L = K \times \begin{Bmatrix} 4.7 & 4.6 & 3.9 & 6 & 4.5 & 2.8 \\ 5.3 & 5.3 & 4.7 & 4.7 & 4 & 4 \\ 6 & 4 & 4 & 2 & 6 & 2 \\ 6 & 1 & 5 & 3 & 2 & 4 \\ 6 & 1 & 1 & 6 & 6 & 6 \end{Bmatrix}$$

$L = \{6.445, 2.955, 3.845, 4.635, 4.100, 3.620\}$

由此可知,6块候选地的综合评判结果的排序为:A、D、E、C、F、B,即A候选地是相对最合理的配送中心位置。

第二节 配送新技术

一、共同配送技术

1. 共同配送的概念

共同配送也称协同配送。按日本运输省的定义,共同配送是指"在城市里,为使物流合理化,在几个有定期运货需求的货主的合作下,由一个卡车运输者,使用一个运输系统的配送。"

共同配送是由多个企业为了实现运输规模经济而联合组织实施的配送活动。运输的规模经济要求运输批量越大越好,运输工具应尽可能满载运行,否则不利于运输规模效益的实现。在以时间为基础的配送安排中,一个企业的配送量可能使运输工具不能满载,或者运输工具返回时无货可运,即返空,这显然是不经济的。这时如果将其他企业需要配送的货物以某种合作方式纳入到本系统中来,使运输规模增大,运力浪费减少,运输效率提高,运输成本降低。

共同配送的主体可以是货主,也可以是第三方物流公司,无论谁是主体,共同配送对他们都是有益的。对货主而言,共同配送可以在不增加物流成本的前提下,实现小批量、多批次配送;对第三方物流公司而言,可以提高配送效率,改善服务,提高市场竞争力。共同配送对社会也是有利的,首先是节约了社会运力,降低了对交通道路的压力;同时也减少了由于大量使用汽车配送带来的空气污染、噪声对居民健康的影响。

2. 共同配送的类型

配送共同化,可分为以同产业或异产业企业为共同配送基础的横向共同配送,以及如零售与批发、批发与厂商这种以流通渠道各环节成员间共同配送为基础的纵向共同配送。

1）横向共同配送

（1）同产业间的共同配送

同产业共同配送是指处于相同产业的生产或经营企业,为了提高物流效率,通过配送中心或物流中心集中运输货物的一种方式。其具体做法有两种形式:一是在企业各自分散拥有运输工具和物流中心的情况下,视运输货物量的多少,采取委托或受托的形式开展共同配送,亦即将本企业配送数量较少的商品委托给其他企业来运输,而本企业配送数量较多的商品,则在接受其他企业委托运输的基础上实行统一配送,这样企业间相互实现了配送效率化;另一种形式是完全的统一化,即在开展共同配送前,企业间就包装货运规格完全实现统一,然后共同建立物流中心或配送中心,共同购买运载车辆,企业间的货物运输统一经由共同的配送中心来开展。显然,后一种形式的共同配送规制程度和规模经济要高些,但在某种意义上,对于单个企业而言,缺乏相对的物流独立性。一般来说,前一种形式在百货店企业中使用较为普遍,后一种形式则较适宜于生产企业。从发达国家同产业共同配送的发展来看,后一种形式主要出现在家电产业和以冷冻食品为中心的食品产业中。

同产业共同配送的最大好处在于能提高企业间物流的效率,减少对物流固定资产的投资,更好地满足顾客、企业降低成本的要求。例如,日本汽车产业中就成立了很多隶属于厂商系列的车辆运输联络会,由该联络会统一协调各零部件商的产品运输。这种联络会成立的背景是由于市场竞争激烈、销售下降,组装厂家为取得竞争优势不断要求部件商从价值工程的各个方面降低成本,而共同配送能提高货车装载率、增加销售额、节约对车辆船舶等运输工具的投资,有利于实现上述目标。同时,我们也应该看到,同产业企业共同配送的一个缺陷是由于运输业务的共同化和配送信息的公开化,单个企业自身有关商品经营的机密容易泄露给其他企业,对企业竞争战略的制定和实施有不利的影响,因此,在发达国家中,同产业共同配送发展仍然较为缓慢。

（2）异产业间的共同配送

异产业间的共同配送是指将不同产业企业经营管理的商品集中起来,通过配送中心或物流中心向顾客输送的一种形式。与同产业共同配送不同的是,异产业共同配送的商品范围比较广泛,属于多产业结合型的配送。从异产业间共同配送的形成来看,可以分为三种形式:

①大型零售业主导的异产业共同配送。这种形式是指大型零售业为了追求物流效率化,并使输送活动能够对应本企业店铺的各种要求,而建立窗口批发制度,由指定批发商统一几种不同厂商的产品,进行集中管理,统一输送。

②以地域中坚型批发企业为主导的异产业共同配送,即地域批发商为了避免批发企业

的萎缩,并支援地方零售业,而由一些中坚型批发企业为骨干来组织设立以不同产业为基础的共同配送中心或企业,对地域内小型超市、便民店等中小零售企业统一配送商品,以此来与大型批发企业相抗衡。

③产批组合型异产业共同配送。以前,很多地方零售店都将批发物流委托给外部某企业来进行,然而这种物流制度却难以单独对应零售店铺定时配送的要求,特别是当今便民店的发展追求商品(食品、蔬菜等)的新鲜度,不仅配送要求比较频繁(一般为一日三次),而且为了保障及时、高质量的供应,需要一个稳固的商品物流渠道。在这种状况下,便出现了既能实现高质高速的配送,并具有紧急配送的能力,又能有效降低成本的由生鲜食品、快餐、蔬菜生产商和批发企业共同出资,参加建立的共同配送企业。以此实现了对便民店等现代零售企业多频度、小单位、统一的配送活动。

异产业共同配送克服了同产业共同配送固有的缺点,即它既能保证物流效率化,又能有效防止企业信息资源的外流,使企业在效率和战略发展上同时兼顾,并能充分发挥产业间的互补优势。它存在的问题是难以把握不同产业企业间物流成本的分担,因此在某种意义上增加了企业间的谈判成本(Bargain Cost)。特别是对于地域中坚批发企业主导型的异产业共同配送来讲,明确各批发商承担多少费用较为困难,这不仅是因为商品种类的不同,所涉及的物流费用存在差异,而且还因每次商品配送结构的变化增加了费用计算的复杂性,尤其在多频度配送中更是如此,所以异产业共同配送中,确立一个明确、合理的按销售额比例支付费用的计算体系十分重要。

推行异产业共同配送时应注意的问题:
①配送客户分布状态是否相似。
②商品特性是否相似。
③保管、装卸、备货等特性是否相似。
④经营系统是否相似。
⑤物流服务水准是否相似。
⑥取送数量是否相似。

(3)共同集配

共同集配是指以大型运输企业为主导的合作型共同配送,即由大型运输企业统一集中货物,合作参与企业或批发商将商品让渡给指定运输业者,再由各运输企业分别向全国配送。共同集配不同于上述共同配送组织形式的主要特征是运输企业发挥着组织、管理和调度的领导作用,而非隶属于配送中心,可以说这是一种运输企业主导型物流。共同集配的最大优点是由于物流空间的共有,以及实行统一运费,削减了物流成本,并且支付业务较为合理。

2)纵向共同配送

(1)批发与厂商间的物流共同化

在以上论述中我们分析了同产业、异产业以及集配型的共同配送,可以看出横向共同配送以批发企业层次的共同配送为主。在此,我们将主要介绍流通渠道从上游到下游不同阶段参与企业物流的共同化。

从现代物流的观点来看,通过追求流通全过程物流的效率化,来实现流通全体成本的削减是十分必要的,因此,在这一思想的指导下,厂商与批发商之间就物流业务、管理尽可能达成共识,将管理中不合理的地方加以纠正,对双方不足的地方相互补充是实现经营效率化的重要条件。具体来看,批发与厂商间的物流共同化有两种形式:一是在厂商力量较强的产业,为了强化批发物流机能或实现批发中心的效率化,厂商自身代行批发功能,或利用自己的信息网络,对批发企业多频度、小单位配送服务给予支援,这是保障企业向最终顾客销售更多产品的必要条件。二是在厂商以中小企业为主、批发商力量较强的产业,较之厂商自行设立配送中心,利用拥有全国网络的批发商物流中心,将商品保管、运输等物流活动全部委托给批发商进行的方式更具效率,而对批发商来讲,集中多数厂商的产品,对零售实行集中配送也有利于降低物流成本。

(2)零售与批发商之间的物流共同化

纵向共同配送的另一种形式是零售商与批发商之间的物流合作,这也有两种类型:一是目前大型零售业建立自己的物流中心,批发商经销的商品都必须经由该中心,再向零售企业的各店铺进行配送。此外,与零售商要求与之交易的批发商数目尽可能少,这就需要批发商从原来从事专业商品的经营转向多种类型经营,而零售企业物流中心订货、收货等手续得到简化。二是对于中型零售企业来讲,他们不是自己建立物流中心,而是由批发商建立零售商专用型的物流中心,并借此代行零售物流,这种方法对于中型零售业来讲,既可以有效利用批发商所持有的物流,又能享受省略本企业物流中心集配商品环节所带来的利益。当然,在批发商代行零售物流的情况下,一个重要的前提是批发商必须构筑对应特定零售业的物流信息系统。

纵向共同配送形成发展的一个重要的宗旨是实现流通各阶段物流成本的降低,也正因为如此,无论是厂商与批发商或批发商与零售商之间,在投资共同配送设施和共同信息系统时,必须关注投资的整体效果,亦即参与各方应充分了解相互间物流的特性以及所承担的物流成本,并且建立起行之有效的物流信息系统。

3. 共同配送的障碍及解决措施

共同配送对中小企业最有利,因为他们一般配送的量小、效率低、成本高,共同配送的优势自然是他们所期望的。但是从目前总的配送实践中了解到,共同配送虽优势明显,但推行的并不是很成功。究其原因:一是组织协调工作难度大,因为各个货主对自己货物的配送都有一定的要求,包括时间、地点、数量、安全等都存在差异,要把这些要素统一协调起来,具有相当的难度;二是利益分配上的矛盾,由于共同配送所实现的利益在各货主之间进行分配时缺乏客观标准,难以做到公平合理的利益分配;三是各经营主体的商业秘密(如顾客、价格、经营手段等)由于共同配送不易保守,有些货主不愿参与共同配送也是出于对自己公司商业秘密保守的考虑。

为了使共同配送健康发展,实施共同配送时应注意以下几个方面的问题:

①参与共同配送的物流业务应相对稳定,双方应签订比较稳定的共同配送合作协议。

②在客户分布、商品特性、物流作业特性、经营系统等方面应具有相似性,这样便于组织管理和协调,也有利于利益分配。

③货主之间可以有生产、营销方面的竞争,但在物流方面是相互可以合作的,不应存在竞争。

④货主和承担主体在物流信息管理方面有一定的基础,包括已建立信息管理系统、条形码的应用等。

⑤利益分配要有具体的制度和方法,应制定明确的收费或费用分摊标准。

⑥在共同配送合作协议中应明确货主商业秘密保护的条款,明确各自的权利和义务。

二、越库配送技术

1. 越库配送概述

越库配送简言之就是商品不入库(不形成库存)而直接进店的配送方法,或称为直通配送。配送中心利用这种方法可以缩短流通渠道的周转时间,减少库存,降低总体系统作业成本和货损。

1)功能及目的

简而言之,越库配送包括任何一种避免再将货物送往零售店之前将其放入仓库的配送方法。相反,分销商仅把货物从卸货码头移至装货码头或把它放置于一个暂时的区域。越库配送的核心思想是减少物流作业环节,而不是靠降低分销商与供应商之间的运输成本。

2)关键概念

发挥商品越库配送的潜力需要相当多的知识和详细的计划,分销中心人员应指导商品何时来、何时去及何时被送往目的地。

(1)在商品抵达分销中心前或稍后,把它安置在一些特别的地方(待运区)。

(2)准备包装、条码及标记容器。

(3)自动化分拣系统(CAPS)。

3)机会与优势

在分销中心实施越库配送的办法,可以降低存货持有成本和配送中心劳动力成本,供应商和分销商可以一起去掉多余的操作环节及订货标准活动。更多的节省可以通过以下措施加以实现:

(1)缩短商品操作和储存时间,这样可以减少劳动力成本、货损及退货。

(2)减少储存及运营的空间要求。

2. 怎样运行

1)越库配送的方式(区别在于何时确定商店目的地)

(1)如果在供应商运出商品之前就确定将要发往哪家商店,商品可以被标记,直接经配送中心不必等待重新被分拣发货(至零售店铺)。

(2)如果商品到达配送中心时可以被分配,可以使用标签,启动自动分拣系统,把商品按零售店铺的需求分拣出来分配至各承运车队,完成送货。

(3)如果提前分配的信息得不到,也不能启动自动分拣系统,可使用运货月台边上的一点空地作为待运区,等待时机实施越库配送。这些方法可以通过复杂、一般、简单的例子加以说明。

2)复杂的越库配送

如果商品在供应商运出之前就能进行"预先分配",且供应商能够建立针对各店的多元SKU托盘,复杂的越库配送就能实现。在食品零售行业,这些条件能够用来促销,因为准确计时是最重要的。又因为它不要求在分销中心有自动分拣系统,这种方法最流行。完整的步骤如下:

(1)采购订单发往供应商,同时发去对各分店分发商品的说明(订单+说明)。

(2)供应商把每个店的商品集中到周转箱或托盘里。

(3)供应商用代表商品和供应商的条码标记各箱,并用总码代表(托盘码)。

(4)零售商在被补货的当天,供应商将货物运至零售商的配送中心。

(5)在配送中心,零售商扫描送来货箱上的条码验收,并立即把货箱转移至送货月台。

(6)这个零售商的所有货箱都被装上配送车,或集中于月台等待凑足数量时装车。

(7)运箱入店,店内人员进行核点,将送货清单与箱内实物进行对照。

3) 一般的越库配送

如果零售商配送中心具备自动分拣系统,供应商就不必按店分货,因为分拣系统可以完成按店分拣任务。另外,在库房收货可以使用条码,货物抵达配送中心前可以不用事先分配,这种情况下,可以走如下几步:

(1) 供应商收到采购订单,他们只给出配送中心的要货。

(2) 供应商只用 SKU 集中所有商品。

(3) 供应商货物运抵配送中心前通知配送中心准确的货运内容,如 SKU、箱数等。

(4) 如果商品在订货时已被分配好,供应商在货箱上贴条码,如果在收货时分配好,配送中心在货箱上贴条码。

(5) 货箱被送上传送带,按店分拣,然后将分拣后的货箱装上配送车。

4) 简单的越库配送

这种方法不需要事先分配及运输商的协助,只要知道产品在 1～2 天内运出即可,在此过程中,货物被收到后,马上转运到发货月台或旁边的"热线订货运营区",候机发货。这样商品储存、补货及运输时间会大大缩短。

3. 怎样使它运行

1) 把传统的库存运营转化为越库配送

把传统的库存运营转化为越库配送需要很大的内部转变,配送中心应考虑以下几点:

(1) 建立通信联系(最好用 EDI)来促进事先分配和 ASN 信息。

(2) 决定条码及标准箱标记格式。

(3) 使商店送货时间表标准化,以便使送货配合发货配送。必须选择一些主要的运输商,并根据他们严格遵循越库配送所要求的标准的能力给报酬;他们必须参与制定时间表的会议。

(4) 更新配送中心的信息系统,使它能够自动接收供应商送来的货,而不必人工追踪货箱,这也要求能采用收货单据扫描。这种能力会对库存周转产生明显的影响。

(5) 如果配送车辆需停靠多个店铺,设立一个商店卸货区(月台理货区)以便使商店所定各类货物暂停于该区域,直等到它们能以合适的顺序被装运来适合配送路线。

2) 配送中心与供应商的得失

为保证"商品不入库而直接入店"运营产生最大收益,配送中心应与供应商密切合作,共同做出关键性决定。

(1) 贴条码的责任

① 如果配送中心拥有自动分拣系统,供应商也可以给货箱贴条码,这样送到配送中心的

货物只要送到传送带上就行了。

②如果需要人工分拣,配送中心应在分拣货物时贴条码。

(2)包装式样

①什么是可接受的最大、最重的箱子的规格?这取决于物流作业设备、堆放方法等。

②条码应贴在什么部位?这取决于零售商使用固定式扫描器还是便携式扫描器。

(3)SKU汇总(哪些物品可堆放在一起)

①为使商店补货劳动最小化,应尽量把物理上相近的SKU放在一起。

②如果供应商的分拣能力较分销商的低些,最好不采用事先分配。

4. 需考虑的问题

最有效的越库配送形式一般需要供应商进行顺序选择,这会增加劳动力成本,为赢得供应商的完全支持,必须保证不是仅仅将这些成本转给供应商。于是,越库配送只有当整个流通渠道收益多于供应商增加的成本时才可行。监测整个流通渠道的收益(最好通过直接计算产品成本的方法)及合理分享收益非常必要。

复 习 题

一、单项选择题

1. ( )是一种设置单个配送中心或仓库的方法,这种方法主要考虑的因素是现有设施之间的距离和要运输的货物量,经常用于中间仓库或配送中心的选择。

  A. 模糊评价法   B. 最优路径法

  C. 重心法   D. 图上作业法

2. 重心法模型没有区分在不同地点建设配送中心所需的资本成本,以及与在不同地点经营有关的其他成本的差别,而只计算( )。

  A. 仓储成本   B. 人工成本

  C. 设备购置成本   D. 运输成本

3. 货物周转量的单位是( )。

  A. 吨   B. 吨公里

  C. 公里   D. 吨/公里

4. ( )是一种适合于配送中心精确选择的建模方法。是一种定性与定量相结合的选址评价方法。

A. 模糊评价法　　　　　　　　B. 重心法

C. 德尔菲法　　　　　　　　　D. 回归分析法

5. 由多个企业为了实现运输规模经济而联合组织实施的配送活动是( )。

A. 越库配送　　　　　　　　　B. 共同配送

C. 定时配送　　　　　　　　　D. 直通配送

6. 单一配送中心宏观选址常采用的方法是( )。

A. 重心法　　　　　　　　　　B. 模糊评价法

C. 作业成本法　　　　　　　　D. 聚类法

7. ( )是指以大型运输企业为主导的合作型共同配送，即由大型运输企业统一集中货物，合作参与企业或批发商将商品让渡给指定运输业者，再由各运输企业分别向全国配送。

A. 共同配送　　　　　　　　　B. 越库配送

C. 直达配送　　　　　　　　　D. 共同集配

二、多项选择题

1. 运用模糊评价法进行配送中心选址所应考虑的因素有( )。

A. 土地因素　　B. 自然环境因素　　C. 经营环境因素

D. 交通运输因素　　E. 法律法规因素

2. 运用"模糊评价法"进行配送中心选址的原则有( )。

A. 适应性原则　　B. 安全性原则　　C. 战略性原则

D. 经济性原则　　E. 协调性原则

3. 共同配送的优点包括( )。

A. 节约社会运力　　B. 降低交通压力　　C. 减少空气污染

D. 减少噪声　　E. 提高运能运力

4. 推行异产业共同配送时应注意的问题包括( )。

A. 配送客户分布状态是否相似

B. 商品特性是否相似

C. 保管、装卸、备货等特性是否相似

D. 经营系统是否相似

E. 物流服务水准是否相似

F. 取送数量是否相似

配送管理实务

三、判断题

1. 重心法适用于所有配送中心选址问题。（　　）

2. 重心法选址所考虑的因素主要是配送运输成本最低、配送运输距离最短或者配送周转量最小。（　　）

3. 对货主而言，共同配送可以在不增加物流成本的前提下，实现小批量、多批次配送。（　　）

4. 共同集配的最大优点是由于物流空间的共有，以及实行统一运费，削减了物流成本，并且支付业务较为合理。（　　）

5. 由于共同配送模式优势明显，目前我国共同配送模式推行极为顺利。（　　）

参 考 文 献

[1] 王家聚.基于重心法的配送中心选址研究及应用[J].长江大学学报(社会科学版),2008,31(4):64-66.

[2] 王晓阔,吴晓梅.连锁经营配送中心运营实务[M].北京:机械工业出版社,2009.

[3] 邱明静.物流中心选址的模糊综合评价[J].潍坊高等职业教育,2006,2(4):69-72.

[4] 桂琴.现代物流配送的发展现状与对策问题的研究[J].现代管理科学,2006(12):72-73.

[5] 李永生,郑文岭.仓储与配送管理[M].北京:机械工业出版社,2003.

[6] 吴清一.物流管理[M].2版.北京:中国物资出版社,2003.

[7] 马俊生,王晓阔.配送管理[M].北京:机械工业出版社,2008.

[8] 郑玲.配送中心管理与运作[M].2版.北京:机械工业出版社,2007.

[9] 汝宜红,田源,徐杰.配送中心规划[M].北京:北京交通大学出版社,2007.

[10] 罗纳德·H·巴德.企业物流管理——供应链的规划、组织和控制[M].王晓东,译.北京:机械工业出版社,2002.

[11] 郑克俊.仓储与配送管理[M].北京:科学出版社,2005.

[12] 霍红.物流管理[M].北京:中国物资出版社,2004.

[13] 刘昌祺.物流配送中心设计[M].北京:机械工业出版社,2001.

[14] 孙宏岭.现代物流活动绩效分析[M].北京:中国物资出版社,2003.

[15] 祁洪祥.配送管理[M].南京:东南大学出版社,2006.

[16] Holmberg K. Exact solution methods for incapacitated location problem with convex transportation costs[J]. European Journal of Operational Research, 1999.

[17] 刘文茹,赵启兰,王耀球.论区域性物流中心的建设[J].物流技术,2001(6).

[18] 何明珂.现代物流与配送中心:推动流通创新的趋势[M].北京:中国商业出版社,1997.

[19] 现代物流管理课题组.运输与配送管理[M].北京:中国物资出版社,2002.

[20] Linda K N, Mark A T. Integrating inventory impacts into a fixed-charge model for location distribution centers[J]. Transportation Research,1998,3(3).

[21] 张贝,高自友,张好智.可持续发展条件下的物流中心选址优化模型及算法[J].交通运

输系统工程与信息,2005.

[22] 鲁晓春,詹和生.关于配送中心重心法选址的研究[J].北方交通大学学报,2000.

[23] 中华人民共和国国家质量监督检验检疫总局.GB/T 18354—2006 物流术语[S].北京:中国标准出版社,2007.

[24] 中华人民共和国住房和城乡建设部.GB 50016—2014 建筑设计防火规范[S].北京:中国计划出版社,2015.

[25] 中华人民共和国国家质量监督检验检疫总局.GB/T 2934—2007 联运通用平托盘主要尺寸及公差[S].北京:中国标准出版社,2008.

[26] 国家职业分类大典和职业资格工作委员会.中华人民共和国职业分类大典[M].北京:中国劳动社会保障出版社,2006.